LE SECRET POUR VIVRE L'EXAUCEMENT IMMÉDIAT DE NOS PRIÈRES

LE SECRET POUR VIVRE L'EXAUCEMENT IMMÉDIAT DE NOS PRIÈRES

La Révélation Divine
qui Transforme les Cris du Cœur en Exploits

BOVIC TSHIAMALA

Première Édition

Cette édition française est l'œuvre originale intitulée :

« Le Secret pour Vivre l'Exaucement Immédiat de Nos Prières » © 2026 par Bovic Tshiamala

Publié à Grapevine, au Texas, par l'auteur.

Les citations bibliques de cet ouvrage sont tirées de la Sainte Bible Louis Segond 1910.

ISBN : 978-1-971121-03-1 (numérique)
ISBN : 978-1-971121-04-8 (broché)
ISBN : 978-1-971121-05-5 (relié)

Library of Congress Cataloging-in-Publication Data

Library of Congress Control Number: 2026900095

Imprimé aux États-Unis d'Amérique

Nous dédions cet ouvrage à Dieu, notre
Créateur et Père de notre Seigneur Jésus-Christ,
qui, dans sa grâce souveraine, nous a révélé
les mystères cachés qui rendent l'acte
même de l'exaucement possible, mystères établis
depuis le commencement, mais que l'oreille
humaine n'a jamais entendus.
À lui soient la gloire, l'honneur, la puissance
et le règne, pour les siècles des siècles.
Amen !

TABLE DES MATIÈRES

LA VÉRITÉ INTEMPORELLE

« Avec Dieu, nous ferons des exploits » (Psaumes 60:12 [60:14]).

Cette affirmation biblique n'est ni un simple slogan ni une vérité figée dans l'époque des récits bibliques. Elle n'est pas non plus une formule destinée à séduire les faibles et les démunis, comme le diable voudrait nous le faire croire. Elle est au contraire une vérité intemporelle que nous pouvons nous aussi expérimenter dans les différentes sphères de notre vie, malgré nos limites, car le prophète Moïse, Josué, fils de Nun, le roi David, le prophète Élie, le prophète Élisée, l'apôtre Pierre, l'apôtre Paul et tant d'autres qui en ont fait l'expérience étaient des êtres humains de la même nature que nous.

Ne laissons pas nos échecs passés, les circonstances difficiles ou l'apparente absence de réponses à nos prières nous emprisonner dans le doute et le désespoir.

Avec Dieu, nous pouvons nous aussi :

- prier ou déclarer, et être témoins de miracles, de prodiges, de guérisons et bien plus encore, qui se produisent dans notre vie ou dans celle de ceux qui nous entourent, à l'image de ce qu'ont expérimenté :
  - le prophète Élie (1 Rois 18:36–38),
  - l'apôtre Pierre (Actes 3:1–8),
  - l'apôtre Paul (Actes 14:8–10) ;
- commander aux éléments de la nature et les voir obéir, comme Josué, fils de Nun, l'a fait lors de la bataille où le soleil et la lune s'arrêtèrent (Josué 10:12–14) ;
- affronter des adversaires bien plus forts que nous et triompher, à l'exemple du roi David face à Goliath (1 Samuel 17:41–51).

Nous pouvons le faire, et même plus que ces figures bibliques ne l'ont fait, car il y a un secret qui le permet. Un secret ancien, caché depuis le commencement, mais que très peu connaissent.

Aujourd'hui, nous sommes les plus bénis, car dans son infinie bonté, le Très-Haut nous a révélé ce secret dans son intégralité. Il nous a également permis de le partager pour l'édification de ceux qui croient en son existence et en sa promesse de récompenser ceux qui le recherchent avec ferveur.

Ce secret, ce sont huit dimensions spirituelles qui, lorsqu'elles sont atteintes, stimulent l'exaucement immédiat de toutes nos prières.

Pour bien révéler ces huit dimensions spirituelles, nous allons dévoiler les mystères cachés du processus d'exaucement de la prière, plus précisément ceux des deux étapes qui le composent : la prière et l'exaucement de la prière. Nous les présenterons tels qu'ils nous ont été révélés, car c'est dans ces mystères que résident lesdites huit dimensions spirituelles qui stimulent l'exaucement immédiat de toutes nos prières.

C'est dans cette dimension prophétique, guidée par le Très-Haut et illuminée par sa lumière révélatrice, que nous allons entrer dans le cœur de cette révélation, qui n'est pas une simple exposition doctrinale, mais l'accès à un chemin spirituel ancien, tracé et balisé par le Très-Haut lui-même pour ceux qui désirent voir leurs prières porter du fruit sans délai.

Chapitre 1

LA PRIÈRE

Dans sa première définition, la prière est l'acte de s'adresser à Dieu.

Elle peut être pratiquée debout, assise, à genoux, prosternée ou allongée sur le sol, seule ou en communauté, à haute voix ou en silence, dans la joie ou dans les larmes, en tout lieu, à tout moment, et de bien d'autres manières, tant que ces manières demeurent en accord avec les lois et les principes de Dieu.

Sa fonction principale est de nous permettre de faire connaître à Dieu nos pensées, nos sentiments, nos demandes et notre gratitude, comme les Saintes Écritures nous y exhortent à travers ces paroles inspirées :

> « Ne vous inquiétez de rien ; mais en toute chose faites connaître vos besoins à Dieu par des prières et des supplications, avec des actions de grâces » (Philippiens 4:6).

Dans sa seconde définition, la prière est une institution divine chargée de la transmission spirituelle des paroles, qu'elles soient prononcées à haute voix ou en silence, de la créature jusqu'à Dieu.

Quant à son origine, la prière a été établie par Dieu dès le commencement de la création, avant même l'existence de la première créature capable de s'adresser à lui.

Sur le plan opérationnel, la prière gère la communication spirituelle de manière unidirectionnelle : de la créature (émetteur) vers Dieu (récepteur), et non l'inverse.

Cela s'explique par le fait que le Très-Haut utilise d'autres moyens pour répondre aux prières qui parviennent à ses oreilles, des moyens que nous dévoilerons dans le prochain chapitre.

Comme toute institution divine, la prière est régie par un principe fondamental : toute créature qui désire être écoutée par Dieu doit d'abord s'approcher de son trône.

C'est pourquoi les Saintes Écritures nous exhortent :

> « Approchons-nous donc avec assurance du trône de la grâce, afin d'obtenir miséricorde et de trouver grâce, pour être secourus dans nos besoins » (Hébreux 4:16).

Dieu a établi la prière selon ce principe, car celui-ci recèle des mystères cruciaux pour qu'elle soit entendue.

Ces mystères résident dans l'approche au trône de Dieu, laquelle nous permet d'atteindre un état spirituel qui permet à la prière de fonctionner en nous sans restriction quant à ce qu'elle transmet.

Quel est cet état spirituel qui permet à la prière, en tant qu'institution divine, de fonctionner en nous sans restriction quant à ce qu'elle transmet ?

Comment pouvons-nous l'atteindre ?

Pour répondre à ces questions, dévoilons les mystères qui entourent l'acte même de s'approcher du trône de Dieu, car c'est là que commence la véritable dynamique de la prière.

L'APPROCHE AU TRÔNE DE DIEU

Où a-t-elle lieu ?

L'approche au trône de Dieu, sans laquelle notre acte de nous adresser à Dieu serait réduit à un simple monologue, a lieu dans notre esprit, car c'est la seule partie de nous qui peut s'approcher du trône de Dieu et communiquer avec lui.

C'est cette réalité invisible mais réelle que le Seigneur Jésus-Christ a voulu exprimer par l'expression « l'adorent en esprit », lorsqu'il déclara avec autorité et clarté :

> « Dieu est Esprit, et il faut que ceux qui l'adorent l'adorent en esprit et en vérité » (Jean 4:24).

Comment se fait-elle ?

L'approche au trône de Dieu ne se fait pas par une posture physique, ni par un rituel particulier, ni par un séjour dans un lieu sacré. Elle se fait plutôt en observant les commandements divins qui la régissent.

C'est cette vérité invisible mais régulatrice à laquelle le Seigneur Jésus-Christ faisait allusion par l'expression « l'adorent en vérité », mentionnée dans la déclaration précédente.

Quels sont ces commandements divins qui régissent l'approche au trône de Dieu ?

Quels sont les mystères qui les établissent comme les commandements divins régissant cette approche ?

Selon ce qui nous a été révélé, ces commandements sont les quatre premiers des dix que Dieu donna au prophète Moïse sur le mont Sinaï, qu'il détailla comme suit :

> « Tu n'auras pas d'autres dieux devant ma face » (Exode 20:3).
>
> Tu ne te feras point d'image taillée, ni de représentation quelconque des choses qui sont en haut dans les cieux, qui sont en bas sur la terre, et qui sont dans les eaux plus bas que la terre. Tu ne te prosterneras point devant elles, et tu ne les serviras point ; car moi, l'Éternel, ton Dieu, je suis un Dieu jaloux, qui punis l'iniquité des pères sur les enfants jusqu'à la troisième et la quatrième génération de ceux qui me haïssent, et qui fais miséricorde jusqu'en mille générations à ceux qui

> m'aiment et qui gardent mes commandements. (Exode 20:4–6)
>
> « Tu ne prendras point le nom de l'Éternel, ton Dieu, en vain ; car l'Éternel ne laissera point impuni celui qui prendra son nom en vain » (Exode 20:7).
>
> Souviens-toi du jour du repos, pour le sanctifier. Tu travailleras six jours, et tu feras tout ton ouvrage. Mais le septième jour est le jour du repos de l'Éternel, ton Dieu : tu ne feras aucun ouvrage, ni toi, ni ton fils, ni ta fille, ni ton serviteur, ni ta servante, ni ton bétail, ni l'étranger qui est dans tes portes. Car en six jours l'Éternel a fait les cieux, la terre et la mer, et tout ce qui y est contenu, et il s'est reposé le septième jour : c'est pourquoi l'Éternel a béni le jour du repos et l'a sanctifié. (Exode 20:8–11)

Avant de dévoiler les mystères qui établissent ces quatre premiers commandements comme les commandements divins régissant l'approche au trône de Dieu, il est essentiel de poser une question pour lever les éventuelles ambiguïtés concernant la loi à laquelle appartiennent ces commandements.

Cette question est la suivante : N'est-il pas écrit que le Seigneur Jésus-Christ est la fin de la loi de Moïse ?

Certes, il est écrit :

> « Christ est la fin de la loi, pour la justification de tous ceux qui croient » (Romains 10:4).

Cependant, en examinant ce verset à la lumière du Saint-Esprit, nous comprenons que la loi de Moïse, dont le Seigneur Jésus-Christ est la fin, fait référence à la loi des sacrifices d'expiation et à leurs rituels, appelée la loi du sacrifice d'expiation (Lévitique 6:24–25 [6:17–18]), et non aux dix commandements, également appelés les dix paroles, qui constituent la loi de l'alliance (Exode 34:28).

Cela s'explique par le fait que :

- le Seigneur Jésus-Christ est le sacrifice expiatoire parfait d'une valeur infinie et éternelle, nous offrant la rédemption éternelle de nos péchés (1 Jean 2:2 ; Hébreux 9:12) ;
- sa mission sur terre n'avait pas pour objectif de rompre l'alliance de Dieu avec Israël, mais de la transformer en une alliance entièrement spirituelle, individuelle et inclusive, en accomplissement du plan de salut révélé dans Genèse 22:15–18 et Jérémie 31:31–34, et expliqué respectivement dans Galates 3:6–9 et Éphésiens 2:11–19.

LES MYSTÈRES DES QUATRE PREMIERS COMMANDEMENTS

Sous la nouvelle alliance, les mystères des quatre premiers commandements qui les établissent comme les commandements divins régissant l'approche au trône de Dieu résident dans le fait que :

1. Ces quatre premiers commandements rebâtissent, dans le cœur d'une personne qui les observe, un autel spirituel, invisible mais réel, que Dieu a placé dans l'esprit de toute créature capable de s'adresser à lui, appelé l'autel des parfums, que nous, êtres humains, avons perdu à cause du péché d'Adam et Ève ;
2. Ils rendent cet autel actif.

Cet autel est appelé du nom de celui qui se trouve devant le trône de Dieu (Apocalypse 9:13) et du nom de celui que le prophète Moïse construisit pour le tabernacle (Exode 30:1–8), parce que c'est le même (Hébreux 8:5).

LA RECONSTRUCTION DE L'AUTEL DES PARFUMS DANS LE CŒUR

Comment les quatre premiers commandements rebâtissent-ils l'autel des parfums dans le cœur d'une personne qui les observe ?

Avant de répondre à cette question, il convient de souligner que les quatre premiers commandements découlent du premier et plus grand commandement de la loi de l'alliance : « Tu aimeras le Seigneur, ton Dieu, de tout ton cœur, de toute ton âme, de toute ta pensée et de toute ta force » (Matthieu 22:37 et Deutéronome 6:5, synthétisés, harmonisés et paraphrasés, comme cela nous a été révélé).

Pour rebâtir l'autel des parfums dans le cœur d'une personne qui les observe, les quatre premiers commandements font naître, en cette personne, ces quatre formes d'amour pour Dieu qu'ils impliquent.

Si cette personne les cultive, ces quatre formes d'amour pour Dieu rebâtissent l'autel des parfums dans son cœur, car ce sont elles qui, spirituellement, constituent cet autel.

Les quatre côtés qui donnent à l'autel des parfums la forme d'une table quadrangulaire, ainsi que les quatre cornes qui en sortent, tels que décrits dans Exode 30:1–3 ou contemplés en vision dans Apocalypse 9:13, ne sont rien d'autre que la manifestation extérieure que prennent ces quatre formes d'amour pour Dieu lorsqu'elles composent l'autel des parfums : un côté et une corne manifestent une forme d'amour pour Dieu.

Que signifie cultiver ces quatre formes d'amour pour Dieu, énoncées dans le premier et plus grand commandement de la loi de l'alliance ?

Cultiver ces quatre formes d'amour pour Dieu, énoncées dans le premier et plus grand commandement de la loi de l'alliance, selon l'entendement divin, ne signifie pas développer et entretenir des sentiments pour Dieu, mais plutôt honorer les engagements que ces quatre formes d'amour pour lui impliquent.

Ces engagements sont les suivants :

- aimer Dieu de tout notre cœur implique de nous engager à vivre pour lui ;
- aimer Dieu de toute notre âme implique de nous engager à faire de ses choix nos choix ;
- aimer Dieu de toute notre pensée implique de nous engager à lui donner la priorité dans tout ce que nous projetons et planifions ;
- aimer Dieu de toute notre force implique de nous engager à faire de notre corps un instrument pour lui et lui seul.

Sur l'échelle des dimensions spirituelles
qui stimulent l'exaucement immédiat de la prière,
cet autel des parfums, ainsi rebâti, permet à cette
personne d'atteindre la première
dimension spirituelle.

L'ACTIVATION DE L'AUTEL DES PARFUMS

Comment les quatre premiers commandements rendent-ils actif l'autel des parfums d'une personne qui les observe ?

Pour rendre actif l'autel des parfums d'une personne qui les observe, les quatre premiers commandements suscitent, en cette personne, les engagements qu'ils impliquent.

Ces engagements sont les suivants :

- s'engager à ne pas avoir d'autres dieux devant la face de Dieu (premier commandement) ;
- s'engager à ne jamais se faire une image taillée ni aucune représentation des choses qui sont en haut dans les cieux, en bas sur la terre ou dans les eaux plus bas que la terre (deuxième commandement) ;
- s'engager à ne jamais se prosterner devant ces représentations, ni à les adorer, ni à les servir (deuxième commandement) ;
- s'engager à ne jamais prendre le nom de Dieu en vain (troisième commandement) ;
- s'engager à sanctifier, adorer, exalter, bénir, magnifier, louer, glorifier et célébrer solennellement Dieu pour ce qu'il est, à savoir le Créateur de toutes choses, au moins une fois par semaine (quatrième commandement).

Si cette personne les honore, ces cinq engagements rendent actif son autel des parfums, car ce sont eux les cinq ingrédients qui composent le parfum spirituel de cet autel. Les cinq ingrédients que le Très-Haut, sous l'ancienne alliance, représenta physiquement par les aromates, le stacté, l'ongle odorant, le galbanum et l'encens pur (Exode 30:34–38).

Sur l'échelle des dimensions spirituelles qui stimulent l'exaucement immédiat de la prière, cet autel des parfums, ainsi rendu actif, permet à cette personne d'atteindre la deuxième dimension spirituelle.

LES OPÉRATIONS SPIRITUELLES DE L'AUTEL DES PARFUMS ACTIF

Une fois rendu actif, l'autel des parfums, tel qu'établi par Dieu, accomplit deux opérations majeures pour permettre à une personne en laquelle il est actif de s'approcher du trône de Dieu en esprit.

La première opération : *démarrer l'institution divine « la prière » en cette personne.*

Pour ce faire, l'autel des parfums nécessite que le portail, qui, sous la nouvelle alliance, assure le lien entre Dieu et l'humanité, soit présent dans le cœur de cette personne.

Ce portail, c'est le Seigneur Jésus-Christ.

C'est pourquoi il déclara :

> « En vérité, en vérité, je vous le dis, je suis la porte des brebis » (Jean 10:7).

> « Je suis la porte. Si quelqu'un entre par moi, il sera sauvé ; il entrera et il sortira, et il trouvera des pâturages » (Jean 10:9).

> « Je suis le chemin, la vérité, et la vie. Nul ne vient au Père que par moi » (Jean 14:6).

Dieu a établi le Seigneur Jésus-Christ dans ce rôle en raison de qui il est devant lui.

Qui est le Seigneur Jésus-Christ devant Dieu ?

Devant Dieu, le Seigneur Jésus-Christ, également appelé la Parole de Dieu (Apocalypse 19:13), est l'Esprit de Dieu fait chair (Jean 1:14).

Autrement dit, il est le Très-Haut dans sa fonction de Sauveur de l'humanité (Colossiens 1:15–17).

C'est pourquoi l'ange, en annonçant sa naissance aux bergers et en leur révélant ce qu'il est, à savoir le Sauveur de l'humanité, ajouta : « qui est le Christ, le Seigneur » (Luc 2:11), pour signifier qu'il est Dieu, oint (c'est-à-dire choisi) par lui-même pour sauver son peuple de ses péchés (Matthieu 1:21).

Cette vérité découle également de la compréhension du fait que lorsqu'un ange prononce le mot « Seigneur », il s'agit toujours du Très-Haut.

C'est également pourquoi le Seigneur Jésus-Christ :

- porte le titre de « Seigneur des seigneurs » (Apocalypse 17:14), un titre attribué uniquement à Dieu (Deutéronome 10:17) ;

- est adoré par les anges, les quatre êtres vivants et les vingt-quatre vieillards (Apocalypse 5:8–14), une adoration réservée exclusivement à Dieu (Apocalypse 4:8–11 ; Ésaïe 6:1–3).

Devant Dieu, le Seigneur Jésus-Christ est le sacrifice d'expiation qui a rendu possible le salut de l'humanité et sa réconciliation avec Dieu (Colossiens 1:19–22).

Autrement dit, il est le sacrifice d'expiation qui a permis aux êtres humains d'obtenir individuellement :

- le pardon de tous les péchés dont ils se sont rendus coupables devant Dieu (Romains 3:23–25) ;
- le libre accès au trône de Dieu (Éphésiens 2:18) ;
- la vie éternelle (Jean 3:16).

C'est pourquoi Jean Baptiste, en le révélant à l'humanité, l'appela : « L'Agneau de Dieu, qui ôte le péché du monde » (Jean 1:29).

Devant Dieu, le Seigneur Jésus-Christ est le Souverain Sacrificateur par excellence qui a offert ledit sacrifice d'expiation, rendant possible le salut de l'humanité et sa réconciliation avec Dieu.

C'est pourquoi les Saintes Écritures déclarent :

> Christ ne s'est pas non plus attribué la gloire de devenir souverain sacrificateur, mais il la tient de celui qui lui a dit : Tu es mon Fils, Je t'ai engendré

> aujourd'hui ! Comme il dit encore ailleurs : Tu es sacrificateur pour toujours, Selon l'ordre de Melchisédek. (Hébreux 5:5–6)
>
> Il nous convenait, en effet, d'avoir un souverain sacrificateur comme lui, saint, innocent, sans tache, séparé des pécheurs, et plus élevé que les cieux, qui n'a pas besoin, comme les souverains sacrificateurs, d'offrir chaque jour des sacrifices, d'abord pour ses propres péchés, ensuite pour ceux du peuple. (Hébreux 7:26–27)
>
> Il a traversé le tabernacle plus grand et plus parfait, qui n'est pas construit de main d'homme, c'est-à-dire, qui n'est pas de cette création ; et il est entré une fois pour toutes dans le lieu très saint, non avec le sang des boucs et des veaux, mais avec son propre sang, ayant obtenu une rédemption éternelle. (Hébreux 9:11–12)

Devant Dieu, le Seigneur Jésus-Christ est le Médiateur de la nouvelle alliance.

C'est pourquoi les Saintes Écritures déclarent :

> « Il y a un seul Dieu, et aussi un seul médiateur entre Dieu et les hommes, Jésus-Christ homme » (1 Timothée 2:5).

Que doit faire une personne en laquelle l'autel des parfums est actif pour que le Seigneur Jésus-Christ, en tant que portail qui assure le lien entre Dieu et l'humanité, soit présent dans son cœur ?

Ce qu'une telle personne doit faire, selon ce qui nous a été révélé, c'est :

- l'accepter comme son Sauveur personnel ;
- l'accepter comme son Seigneur personnel ;
- s'engager à ne s'adresser à Dieu qu'en son nom.

Que signifient ces engagements pour nous ?

- Accepter le Seigneur Jésus-Christ comme notre Sauveur personnel signifie croire qu'il est mort pour nos péchés et qu'il est ressuscité pour nous garantir la vie éternelle (Romains 5:8 ; 6:23).
- Accepter le Seigneur Jésus-Christ comme notre Seigneur personnel signifie lui confier la direction de notre vie afin qu'il en soit le guide.
  Autrement dit, cela revient à nous engager à obéir à sa parole sans la remettre en question (Luc 6:46 ; Jean 10:27 ; 14:15).
- S'engager à ne s'adresser à Dieu qu'en son nom signifie inclure dans toutes nos prières à Dieu l'expression « au nom de Jésus-Christ » (Colossiens 3:17).

Immédiatement après que le Seigneur Jésus-Christ, en tant que portail assurant le lien entre Dieu et l'humanité, est présent dans le cœur de cette personne, l'autel des parfums démarre, en cette personne, l'institution divine « la prière » pour restaurer la communication spirituelle entre cette personne et le Très-Haut.

Cependant, tant que cet autel des parfums n'a pas encore achevé sa seconde opération en cette personne, cette communication spirituelle reste limitée uniquement à la prière de repentance et à tout ce qui s'y rapporte.

C'est le démarrage de cette institution divine « la prière », ainsi que son état actif et fonctionnel, que le Très-Haut a toujours représentés par la fumée s'échappant dudit autel des parfums et montant devant lui (Apocalypse 8:3–4).

Sur l'échelle des dimensions spirituelles
qui stimulent l'exaucement immédiat de la prière,
le démarrage, en cette personne, de l'institution
divine « la prière » par l'autel des parfums
lui permet d'atteindre la troisième
dimension spirituelle.

Avant de dévoiler la seconde opération de l'autel des parfums, il est essentiel de comprendre pourquoi il est crucial d'inclure l'expression « au nom de Jésus-Christ » dans chaque prière adressée à Dieu.

Inclure cette expression dans chaque prière n'est pas seulement un moyen d'honorer notre engagement à nous adresser à Dieu au nom du Seigneur Jésus, mais aussi un acte qui nous permet de bénéficier de deux mystères associés à cette expression.

Le premier mystère : *cette expression déclenche l'intercession du Seigneur Jésus-Christ en notre faveur.*

Chaque fois qu'une personne en laquelle la première opération de l'autel des parfums est achevée prononce cette expression, l'institution divine « la prière » projette devant Dieu l'œuvre de la croix du Seigneur Jésus-Christ, accompagnée de la voix vivante du Seigneur Jésus-Christ intercédant en faveur de cette personne ou en faveur de l'individu ou des individus pour lesquels cette personne s'adresse à Dieu.

C'est pourquoi les Saintes Écritures déclarent :

> « Qui accusera les élus de Dieu ? C'est Dieu qui justifie ! Qui les condamnera ? Christ est mort ; bien plus, il est ressuscité, il est à la droite de Dieu, et il intercède pour nous ! » (Romains 8:33–34).

> « C'est aussi pour cela qu'il peut sauver parfaitement ceux qui s'approchent de Dieu par lui, étant toujours vivant pour intercéder en leur faveur » (Hébreux 7:25).

Le second mystère : *cette expression déclenche l'accomplissement d'une promesse que le Seigneur Jésus-Christ nous a faite.*

Cette promesse est la suivante : « Tout ce que vous demanderez en mon nom, je le ferai, afin que le Père soit glorifié dans le Fils. Si vous demandez quelque chose en mon nom, je le ferai » (Jean 14:13–14).

Notons que cette promesse, telle qu'établie par Dieu, ne s'accomplit dans notre vie, ni dans celle de ceux pour qui nous intercédons, que dans les limites de la dimension spirituelle qui stimule l'exaucement immédiat de la prière que nous avons atteinte.

La seconde opération : *transformer cette personne en temple de Dieu.*

Pour initier cette transformation, l'autel des parfums nécessite que le sang expiatoire du Seigneur Jésus-Christ soit appliqué sur ses cornes.

Pour que cela se produise, cette personne doit adresser une prière de repentance à Dieu.

Qu'est-ce qu'une prière de repentance ?

Selon l'entendement divin, une prière de repentance est celle dans laquelle une personne :

- reconnaît et confesse les péchés qu'elle a commis devant Dieu ;
- exprime un profond regret pour ces péchés ;

- s'engage à ne plus les répéter ;
- demande pardon (Proverbes 28:13 ; 1 Jean 1:9).

Notons que dans le processus d'exaucement de la prière, une prière de repentance ne devient véritablement l'élément stimulant de la seconde opération de l'autel des parfums que lorsqu'elle est animée par une sincérité authentique et un désir profond de transformation et de rapprochement avec Dieu.

Une fois que cette personne a adressé une prière de repentance à Dieu, que Dieu a accepté de lui pardonner et que le sang expiatoire du Seigneur Jésus, accordé par Dieu en réponse à une prière de repentance, est appliqué en retour sur les cornes de l'autel des parfums de cette personne, l'autel des parfums de cette personne transforme cette personne en temple de Dieu.

Cette transformation en temple de Dieu est l'état spirituel qui permet à la prière, en tant qu'institution divine, de fonctionner en nous sans restriction quant à ce qu'elle transmet.

C'est aussi le lieu sacré où Dieu se rencontre avec toute créature qui s'approche de lui (Exode 25:22), car c'est là où il habite, comme le confirment les Saintes Écritures :

> « Mais le Très-Haut n'habite pas dans ce qui est fait de main d'homme, comme dit le prophète » (Actes 7:48).

> « Le Dieu qui a fait le monde et tout ce qui s'y trouve, étant le Seigneur du ciel et de la terre,

n'habite point dans des temples faits de main d'homme » (Actes 17:24).

« Ne savez-vous pas que vous êtes le temple de Dieu, et que l'Esprit de Dieu habite en vous ? » (1 Corinthiens 3:16).

Sur l'échelle des dimensions spirituelles qui stimulent l'exaucement immédiat de la prière, cette transformation en temple de Dieu, accomplie par l'autel des parfums, permet à cette personne d'atteindre la quatrième dimension spirituelle.

LA TRANSFORMATION EN TEMPLE DE DIEU

Ce que nous devons savoir sur la transformation en temple de Dieu, également appelée le baptême du Saint-Esprit ou la réception du Saint-Esprit (Actes 1:4–5 ; 2:38), c'est que :

- Elle peut se produire :
  - avant, pendant ou après le baptême d'eau au nom de Jésus-Christ (Actes 10:44–48 ; 8:14–17) ;
  - avec ou sans l'imposition des mains par un serviteur de Dieu (Actes 19:5–6 ; 2:1–4).

Cela s'explique par le fait que la transformation en temple de Dieu ne dépend ni du baptême d'eau ni de l'imposition des mains, mais uniquement des éléments nécessaires pour atteindre la quatrième dimension spirituelle qui stimule l'exaucement immédiat de la prière.

- Elle s'accompagne toujours de signes.

  Certains de ces signes servent à confirmer à une personne transformée en temple de Dieu qu'elle s'est approchée du trône de Dieu, tandis que d'autres marquent son appartenance à Dieu.

  Parmi les signes confirmant à une personne transformée en temple de Dieu qu'elle s'est approchée du trône de Dieu, les plus courants sont :

  - La légèreté intérieure.

    Elle se manifeste comme un profond soulagement, une libération intérieure, comme si un lourd fardeau avait été retiré.

    Une personne transformée en temple de Dieu ressent cette légèreté, car au moment de sa transformation, Satan et ses démons ont été chassés d'elle et tous les autels qu'ils avaient dressés en elle ont été détruits (1 Jean 3:8 ; Colossiens 1:12–13).

    Cette expulsion de Satan et de ses démons, ainsi que la destruction de leurs autels, s'expliquent par le fait que dans le temple de Dieu, il n'y a qu'un seul autel, l'autel des parfums, et que seul le Très-Haut y règne.

Cette légèreté est généralement très intense pendant un certain temps après la transformation en temple de Dieu et devient habituelle avec le temps.

– La paix intérieure.
  Également appelée la paix de Dieu (Philippiens 4:7) ou la paix du Seigneur Jésus-Christ (Jean 14:27).
  Une personne transformée en temple de Dieu ressent en permanence cette paix grâce à la présence de l'Esprit de Dieu en elle.
  Cette paix s'explique par le fait que là où le Très-Haut habite, il y a toujours une paix abondante.
  C'est pourquoi il est appelé le Dieu de paix (1 Thessaloniciens 5:23) et son Fils unique, le Prince de la paix (Ésaïe 9:6 [9:5]).

Parmi les signes marquant l'appartenance d'une personne transformée en temple de Dieu à Dieu, le plus courant est l'éclat de sainteté.
Une personne transformée en temple de Dieu dégage continuellement cet éclat de sainteté grâce aux rayons lumineux de sainteté que l'Esprit de Dieu émet constamment en elle, lui permettant d'être sainte devant Dieu.

L'éclat de sainteté est ce qui, sur le plan spirituel, donne à une personne transformée en temple de Dieu l'aspect d'une lampe ou d'un flambeau, car il se manifeste sous la forme d'une lumière éclatante émanant d'elle.

C'est pourquoi le Seigneur Jésus-Christ déclara :

> « Je suis la lumière du monde ; celui qui me suit ne marchera pas dans les ténèbres, mais il aura la lumière de la vie » (Jean 8:12).
>
> « Vous êtes la lumière du monde » (Matthieu 5:14).

Cet éclat de sainteté est également ce qui donne aux anges et aux créatures célestes leur aspect semblable à l'éclair, ainsi que la blancheur éblouissante de leurs vêtements (Matthieu 28:2–3), car eux aussi sont des temples de Dieu.

Bien que rare, cet éclat de sainteté peut parfois apparaître physiquement sur le corps d'une personne appartenant à Dieu, mais seulement pour une courte durée.

Trois figures bibliques ont expérimenté ce phénomène au cours de leur vie terrestre :

- le Seigneur Jésus-Christ (Matthieu 17:1–2) ;
- le prophète Moïse (Exode 34:29–30) ;
- le diacre Étienne (Actes 6:15).

Peut-être nous demandons-nous comment, sous l'ancienne alliance et la période qui l'a précédée, les quatre premiers commandements accomplissaient ces mystères qui les établissent comme les commandements divins régissant l'approche au trône de Dieu.

Sous l'ancienne alliance, les quatre premiers commandements accomplissaient également ces mystères qui les établissent comme les commandements divins régissant l'approche au trône de Dieu, mais d'une manière différente.

Au lieu de rebâtir l'autel des parfums dans le cœur d'une personne qui les observait, les quatre premiers commandements reliaient spirituellement cette personne à l'autel des parfums qui se trouve devant le trône de Dieu dans le temple céleste. Ils le faisaient en associant les quatre formes d'amour pour Dieu de cette personne à celles de l'autel des parfums du temple céleste et les cinq ingrédients du parfum spirituel de cette personne à ceux de l'autel des parfums du temple céleste.

Sur l'échelle des dimensions spirituelles qui stimulent l'exaucement immédiat de la prière, cette association des quatre formes d'amour pour Dieu à celles de l'autel des parfums du temple céleste et cette association des cinq ingrédients du parfum spirituel à ceux de cet autel permettaient à cette personne d'atteindre respectivement la première et la deuxième dimension spirituelle.

Une fois le lien établi, l'autel des parfums du temple céleste accomplissait lui aussi deux opérations pour permettre à cette personne de s'approcher du trône de Dieu en esprit.

La première opération : *démarrer une séquence de l'institution divine « la prière » dédiée à cette personne.*

Pour ce faire, l'autel des parfums du temple céleste nécessitait que le portail, qui, sous l'ancienne alliance, assurait le lien entre Dieu et l'humanité, soit présent en cette personne.

Ce portail, c'était le patrimoine génétique de Jacob, que Dieu nomma Israël (Genèse 32:28).

Pour posséder ce patrimoine, la seule voie permise par Dieu était la voie héréditaire. Ainsi, cette personne devait être un descendant biologique de Jacob.

C'est pourquoi, sous l'ancienne alliance, Dieu ordonna aux enfants d'Israël de ne pas manger du sang, ce qui impliquait de ne pas l'utiliser pour des raisons médicales (Lévitique 17:14).

Cette interdiction était fondée sur le fait que Dieu ne voulait pas qu'un non-descendant biologique de Jacob reçoive le patrimoine génétique de Jacob par le biais d'une transfusion sanguine, car lors d'une transfusion, l'ADN (acide désoxyribonucléique) du donneur, bien qu'absent dans les globules rouges matures, est présent dans le sang transfusé, principalement dans les globules blancs.

Une fois le patrimoine génétique de Jacob détecté en cette personne, l'autel des parfums du temple céleste démarrait une séquence de l'institution divine « la prière » dédiée à cette personne pour restaurer la communication spirituelle entre cette personne et le Très-Haut.

Cependant, tant que cet autel des parfums du temple céleste n'avait pas encore achevé sa seconde opération en cette personne, cette communication spirituelle restait limitée uniquement à la prière de repentance et à tout ce qui, à cette époque, s'y rapportait.

Sur l'échelle des dimensions spirituelles qui stimulent l'exaucement immédiat de la prière, le démarrage d'une séquence de l'institution divine « la prière » dédiée à cette personne par l'autel des parfums du temple céleste lui permettait d'atteindre la troisième dimension spirituelle.

La seconde opération : *admettre cette personne dans le sanctuaire céleste.*

Pour initier cette admission, premièrement, l'autel des parfums du temple céleste nécessitait que le sang expiatoire soit appliqué sur les cornes de l'autel des parfums du temple terrestre, qui le représentait sur terre.

Ce sang expiatoire n'était pas n'importe quel sang expiatoire, mais celui de l'expiation de tous les enfants d'Israël, qui restait actif pendant un an sur lesdites cornes de l'autel des parfums du temple terrestre, car il y était appliqué une fois par an, plus précisément le dixième jour du septième mois (Lévitique 16:29–34).

Deuxièmement, l'autel des parfums du temple céleste nécessitait qu'un sacrifice expiatoire, offert par cette personne pour le pardon de ses péchés, soit brûlé sur l'autel des holocaustes du temple terrestre, qui représentait l'autel des holocaustes du temple céleste sur terre (Lévitique 4:22–35).

Cependant, il est essentiel de noter que ce sacrifice expiatoire ne devenait véritablement le second élément stimulant de la seconde opération de l'autel des parfums du temple céleste que lorsque la prière de repentance de cette personne était animée par une sincérité authentique et un désir profond de transformation et de rapprochement avec Dieu.

La nécessité de ce sacrifice expiatoire était due au fait que, sous l'ancienne alliance, l'autel des holocaustes, que l'œuvre de la croix du Seigneur Jésus-Christ a rendu inactif sous la nouvelle alliance, était actif.

Immédiatement après que le sang expiatoire, celui de l'expiation de tous les enfants d'Israël, eut été confirmé actif sur les cornes de l'autel des parfums du temple terrestre et que le sacrifice expiatoire, offert par cette personne pour le pardon de ses péchés, eut été brûlé sur l'autel des holocaustes du temple terrestre et agréé par Dieu, l'autel des parfums du temple céleste admettait cette personne dans le sanctuaire céleste.

Comment cette admission se déroulait-elle ?

Premièrement, l'autel des parfums du temple céleste transférait des rayons de sainteté, émis par Dieu et qui le touchaient, à travers le lien spirituel qui l'unissait à cette personne.

Deuxièmement, l'autel des parfums du temple céleste faisait émerger ces rayons de sainteté dans l'esprit de cette personne, tout en les diffusant comme si l'Esprit de Dieu était présent dans son cœur.

Cela avait pour but de produire en cette personne les effets de la transformation en temple de Dieu et les signes qui l'accompagnent sans que cette personne soit transformée en temple de Dieu.

Il en était ainsi parce que, sous cette alliance, l'Esprit de Dieu ne résidait pas dans le cœur de l'être humain. Ce n'était pas parce que Dieu ne le voulait pas, mais parce que le cœur de l'être humain contenait des péchés, car le sang expiatoire des animaux ne les ôtait pas, mais ne faisait que les couvrir (Hébreux 10:1–7).

Cela s'explique aussi par le fait que Dieu est saint et que sa nature ne peut cohabiter avec le péché ni partager sa demeure avec les ténèbres (2 Corinthiens 6:14–16 ; 1 Jean 1:5).

En d'autres termes, un temple de Dieu ne s'édifie pas sur des fondations souillées, mais plutôt par une sanctification totale, car seule la sanctification totale attire la présence de Dieu et établit sa demeure (Lévitique 11:44–45 ; 1 Pierre 1:15–16).

Sur l'échelle des dimensions spirituelles qui stimulent l'exaucement immédiat de la prière, cette admission dans le sanctuaire céleste permettait à cette personne d'atteindre la quatrième dimension spirituelle.

Avant l'ancienne alliance, c'est-à-dire après que notre monde eut cessé d'être un paradis et jusqu'à l'établissement de cette alliance divine, les quatre premiers commandements n'accomplissaient pas en l'être humain ces mystères qui les établissent comme les commandements divins régissant l'approche au trône de Dieu, car la loi de l'alliance n'avait pas encore été révélée à l'humanité.

Pour écouter les prières d'Israël, son peuple, ou de n'importe quel être humain à cette époque, Dieu utilisait le moyen qu'il a toujours utilisé lorsqu'il veut, sur sa propre initiative, écouter n'importe quelle créature dans la création.

Ce moyen, qui constitue, dans le processus d'exaucement de la prière, l'unique exception aux mystères des quatre premiers commandements, ainsi qu'aux principes qu'ils impliquent, c'est son omniscience.

Peut-être nous demandons-nous pourquoi Dieu a établi les mystères des quatre premiers commandements comme norme pour être écouté par lui, alors qu'il peut nous écouter en vertu de son omniscience.

Dieu a établi les mystères des quatre premiers commandements comme norme pour être écouté par lui, parce qu'il a voulu nous donner un moyen non seulement de faire alliance avec lui, mais aussi d'initier, de notre propre chef, la communication et la communion avec lui (Proverbes 28:9 ; 1 Pierre 3:12).

Ainsi, nous pouvons nous adresser à lui librement, à tout moment et en tout lieu, sans attendre qu'il choisisse le moment.

LE POINT COMMUN DES COMMANDEMENTS DE LA LOI DE L'ALLIANCE

À la lumière de ce que nous venons de révéler, devrions-nous comprendre que, dans notre quête de nous approcher du trône de Dieu sous la nouvelle alliance, seuls les quatre premiers commandements de la loi de l'alliance devraient être pris en compte, tandis que les six derniers (Exode 20:12–17), qui découlent du second et plus grand commandement : « Tu aimeras ton prochain comme toi-même » (Matthieu 22:39 ; Lévitique 19:18), seraient à négliger ?

Du début du processus de s'approcher du trône de Dieu jusqu'à l'étape de la transformation en temple de Dieu, oui ! Car le bénéfice des six derniers commandements de la loi de l'alliance, tout comme celui du second et plus grand commandement, dont ils découlent, ce n'est pas s'approcher du trône de

Dieu, mais une vie longue et heureuse au sein de la création (Deutéronome 5:16 ; Éphésiens 6:2–3).

Cependant, après l'étape de la transformation en temple de Dieu, non ! Car ces deux groupes de commandements de la loi de l'alliance, comme toutes les autres lois et principes divins, ont un point en commun : leur transgression rend le transgresseur impur devant Dieu et le prive de sa présence.

Pour les quatre premiers commandements, cette privation de la présence de Dieu se traduit par la rupture totale de la relation entre le transgresseur et Dieu, car la transgression des quatre premiers commandements ou de l'un d'entre eux, qui implique la transgression du premier et plus grand commandement de la loi de l'alliance, détruit l'autel des parfums du transgresseur.

Cependant, pour les six derniers commandements, comme pour toutes les autres lois et principes divins, cette privation de la présence de Dieu se traduit par la perte, pour le transgresseur, de son état de temple de Dieu, car la transgression des six derniers commandements ou de l'un d'entre eux, tout comme la transgression des autres lois et principes divins ou de l'un d'entre eux, ne détruit pas l'autel des parfums du transgresseur, mais le ramène à sa première opération.

Il en était de même sous l'ancienne alliance.

La transgression des quatre premiers commandements ou de l'un d'entre eux rompait le lien spirituel entre l'enfant d'Israël transgresseur et l'autel des parfums du temple céleste.

Cependant, la transgression des six derniers commandements ou de l'un d'entre eux, tout comme la transgression des autres lois et principes divins ou de l'un d'entre eux, ne rompait pas le lien spirituel entre l'enfant d'Israël transgresseur et l'autel des parfums du temple céleste, mais excluait cet enfant d'Israël du sanctuaire céleste, car l'autel des parfums du temple céleste cessait le transfert des rayons de sainteté à travers le lien spirituel qui l'unissait à cet enfant d'Israël.

L'AUTEL DES PARFUMS

Qu'est-ce qui explique son indispensabilité pour s'approcher du trône de Dieu ?

L'indispensabilité de l'autel des parfums pour s'approcher du trône de Dieu s'explique par une réalité spirituelle que Dieu a lui-même établie, puis choisie de contourner afin de concrétiser sa volonté d'habiter parmi nous et en chacun de nous.

Cette réalité spirituelle est que Dieu et nous, ses créatures (anges, archanges, vieillards, chérubins, humains, etc.), n'appartenons pas au même monde spirituel, mais à deux mondes spirituels distincts et réciproquement inaccessibles.

- Distincts, car son monde spirituel est de dimensions existentielles infiniment supérieures (Ésaïe 57:15), tandis que les nôtres, bien que diversifiés, sont de dimensions existentielles inférieures.
  C'est même ce qui justifie son titre « le Très-Haut ».
- Réciproquement inaccessibles, car nous ne pouvons l'approcher dans son monde spirituel en raison de sa su-

périorité dimensionnelle ; et, tel qu'il est, il ne peut directement venir à nous, car nos mondes spirituels, même réunis, ne sauraient le contenir (2 Chroniques 2:6).

Pour contourner cette barrière spirituelle, Dieu, dans sa souveraineté et sa sagesse infinie, décida :

1. D'établir un autel spirituel, appelé l'autel des parfums, dont l'accès est conditionné à l'observance des quatre premiers commandements de sa loi de l'alliance ainsi que du premier et plus grand commandement, dont découlent ces quatre premiers commandements ;
2. De confier à cet autel deux missions essentielles :
   - administrer l'institution divine « la prière »,
   - créer, entre son monde spirituel et les nôtres ainsi qu'en chacun de nous, un sanctuaire spirituel de dimensions existentielles compatibles à la fois avec celles de son monde spirituel et celles de nos mondes spirituels, appelé le temple de Dieu ou le monde spirituel de dimensions existentielles intermédiaires.

Dieu considéra cette solution comme idéale, car elle permit non seulement de concrétiser sa volonté d'habiter parmi nous et en chacun de nous, mais aussi de nous offrir un édifice spirituel où nous pouvons accomplir, collectivement et individuellement, en sa présence, ce pour quoi il nous a créés, à savoir : l'adorer et le servir (Daniel 7:9–10 ; Apocalypse 4:8–11 ; 5:11–14).

Voilà ce qui explique l'indispensabilité de l'autel des parfums pour s'approcher du trône de Dieu.

Peut-être nous demandons-nous pourquoi nous parlons de plusieurs mondes spirituels de dimensions existentielles inférieures, plutôt que d'un unique monde spirituel de dimensions existentielles inférieures.

La raison en est que, selon la révélation que nous avons reçue, chaque espèce de créature capable de s'adresser à Dieu appartient à un monde spirituel distinct, dont les dimensions existentielles inférieures déterminent sa composition, sa vocation, ses capacités et son rôle dans la création.

Ainsi, nous toutes, créatures, n'appartenons pas à un seul monde spirituel partagé, mais à plusieurs mondes spirituels, diversifiés, ordonnés et adaptés, dans lesquels chacune de nos espèces s'épanouit selon le dessein divin qui lui est assigné.

LE JEÛNE

Dans l'Ancien comme dans le Nouveau Testament, le jeûne est toujours mentionné en conjonction avec la prière. Même aujourd'hui, il est toujours pratiqué en conjonction avec la prière.

Cela signifie-t-il que le jeûne est une option ou une condition dans le processus d'exaucement de la prière ?

La réponse est non ! Car dans tout ce qui nous a été révélé au sujet du processus d'exaucement de la prière, nulle part le jeûne n'est mentionné comme une option ou une condition.

Cependant, bien qu'il ne soit ni une option ni une condition de quoi que ce soit dans le processus d'exaucement de la prière, il nous a été révélé que le jeûne, s'il est sincère, prend une valeur particulière devant Dieu. Dieu le perçoit comme une manière de s'humilier devant lui.

Lorsqu'il est perçu ainsi, premièrement, le jeûne devient le stimulus de la miséricorde de Dieu, car Dieu n'accorde le pardon qu'à ceux qui s'humilient devant lui (2 Chroniques 7:14).

L'exemple le plus marquant de cette dimension du jeûne est celui du roi Achab, comme le rapportent les Saintes Écritures :

> Il n'y a eu personne qui se soit vendu comme Achab pour faire ce qui est mal aux yeux de l'Éternel, et Jézabel, sa femme, l'y excitait. Il a agi de la manière la plus abominable, en allant après les idoles, comme le faisaient les Amoréens, que l'Éternel chassa devant les enfants d'Israël. Après avoir entendu les paroles d'Élie, Achab déchira ses vêtements, il mit un sac sur son corps, et il jeûna ; il couchait avec ce sac, et il marchait lentement. Et la parole de l'Éternel fut adressée à Élie, le Thischbite, en ces mots : As-tu vu comment Achab s'est humilié devant moi ? Parce qu'il s'est humilié devant moi, je ne ferai pas venir le

> malheur pendant sa vie ; ce sera pendant la vie de son fils que je ferai venir le malheur sur sa maison. (1 Rois 21:25–29)

Deuxièmement, le jeûne devient le stimulus de la grâce de Dieu, car Dieu fait grâce à ceux qui s'humilient devant lui (Jacques 4:6 ; Proverbes 3:34).

Les exemples les plus marquants de cette dimension du jeûne sont ceux de la reine Esther et de Mardochée (Esther 4–10).

Ainsi, le jeûne, s'il est sincère, devient un puissant levier spirituel qui facilite notre approche au trône de Dieu et l'exaucement de nos prières.

Cette vérité s'explique par le fait que, dans notre quête de nous approcher du trône de Dieu, son pardon demeure indispensable pour que l'autel des parfums initie sa seconde opération en nous. De même, dans notre quête d'être exaucés par Dieu, ses interventions dans notre vie ou dans celle de ceux pour qui nous intercédons ne relèvent pas uniquement du mérite, mais aussi de la grâce.

Qu'est-ce qui rend le jeûne sincère devant Dieu ?

Ce qui rend le jeûne sincère devant Dieu, ce n'est ni la nature de la privation ni la durée de celle-ci, mais la profondeur de l'intention de s'humilier devant Dieu qui l'accompagne.

Pour nous qui aspirons à nous approcher du trône de Dieu et à être exaucés par lui, cette intention doit être profonde et sincère. Sans cela, notre jeûne ne serait rien de plus qu'une simple abstinence alimentaire, dénuée de tout impact spirituel.

Chapitre 2

L'EXAUCEMENT DE LA PRIÈRE

Par définition, l'exaucement de la prière est le processus par lequel Dieu répond aux prières qui parviennent à ses oreilles.

Pour répondre à ces prières, Dieu utilise deux institutions divines : la messagerie divine et la droite de l'Éternel (Psaumes 118:16 ; 89:13 [89:14]).

LA MESSAGERIE DIVINE

Par le biais de l'institution divine « la messagerie divine », Dieu répond à toutes les prières dont sa réponse consiste uniquement en un message.

Voici comment il procède : lorsqu'une prière parvient à ses oreilles et que sa réponse à cette prière consiste uniquement en un message, Dieu transmet ce message à un ange messager qui, à son tour, le communique soit directement à son destinataire, soit à une tierce personne mandatée pour le lui transmettre.

Les exemples les plus marquants des prières exaucées par le biais de cette institution divine sont ceux :

- du prophète Daniel (Daniel 9:20–23 ; 10:2–12) ;
- de Manoach, le père de Samson (Juges 13:8–24) ;
- du sacrificateur Zacharie (Luc 1:5–25) ;
- du centenier Corneille (Actes 10:1–8).

LA DROITE DE L'ÉTERNEL

Par le biais de l'institution divine « la droite de l'Éternel », Dieu répond à toutes les prières dont sa réponse consiste uniquement en une intervention directe.

Quant à la manière dont il procède, il nous a été révélé que Dieu procède de deux manières :

- la manière de l'ordre direct ;
- la manière de l'ordre indirect.

LA MANIÈRE DE L'ORDRE DIRECT

Lorsqu'une prière parvient à ses oreilles, que sa réponse à cette prière consiste uniquement en une intervention directe et qu'il choisit de procéder à cette réponse par ordre direct, Dieu donne des ordres directs aux puissances divines d'intervention, lesquelles constituent l'institution divine « la droite de l'Éternel ».

Ces ordres directs peuvent être :

- D'exaucer une prière indépendamment de l'état d'âme de la personne qui la formule.
  Souvent, Dieu intervient ainsi lorsque l'humilité d'une personne qui l'invoque est profonde et sincère.
  L'exemple le plus marquant de ce cas est l'humilité du roi Achab devant Dieu, relatée dans 1 Rois 21:25–29, cité précédemment.
- De ne pas exaucer une prière même si la personne qui la formule mérite d'être exaucée.
  Souvent, Dieu intervient ainsi lorsqu'il décide de préserver le salut d'une personne qui lui appartient, car dans son amour, le salut des siens est toujours sa priorité absolue.
  L'exemple le plus marquant de ce cas est l'apôtre Paul, qui comprit que le refus de Dieu d'exaucer sa prière concernant l'écharde dans sa chair avait pour but de préserver son salut (2 Corinthiens 12:7–9).
  Dieu intervient également ainsi lorsque la prière, parvenue à ses oreilles, a pour but de satisfaire les passions (Jacques 4:3).
- De retarder l'exaucement d'une prière même si la personne qui la formule mérite d'être exaucée immédiatement.
  Souvent, Dieu intervient ainsi lorsqu'il a un dessein plus grand et attend le moment idéal pour répondre, car il est

le maître du temps et des circonstances, et le seul à connaître le moment fixé pour toutes choses et ce qui est le mieux pour nous (Daniel 2:21).
L'exemple le plus marquant de ce cas est Job, dont la prière pour sa restauration fut retardée par Dieu, car son épreuve faisait partie du dessein divin (Job 38:1–2).

- D'exaucer une prière même si la personne ou les personnes qui en bénéficient ne le méritent pas.
Souvent, Dieu intervient ainsi pour manifester sa grâce souveraine, car il fait grâce et miséricorde à qui il veut, quand il veut et où il veut (Exode 33:19).
L'exemple le plus marquant de ce cas est la guérison de la fille de la femme cananéenne (Matthieu 15:21–28).
- D'intervenir dans la vie d'une personne sans que celle-ci en ait fait la demande.
Souvent, Dieu intervient ainsi simplement par compassion, car il est infiniment compatissant et riche en bonté (Psaumes 103:8 ; Lamentations 3:22–23).
L'exemple le plus marquant de ce cas est la résurrection du fils de la veuve de Naïn (Luc 7:11–16).
Dieu intervient également ainsi, ou à la demande d'une tierce personne, lorsqu'il décide de faire éclater la gloire de son nom et de manifester sa puissance afin que nous croyions en lui et en son Fils unique, le Seigneur Jésus-Christ.
L'exemple le plus marquant de ce cas est la résurrection de Lazare (Jean 11:1–45).

Ces ordres directs peuvent être autres que ceux énumérés précédemment, car Dieu est souverain dans ses décisions, comme le déclarent les Saintes Écritures :

> « Tout ce que l'Éternel veut, il le fait, Dans les cieux et sur la terre, Dans les mers et dans tous les abîmes » (Psaumes 135:6).

> « Il agit comme il lui plaît avec l'armée des cieux et avec les habitants de la terre, et il n'y a personne qui résiste à sa main et qui lui dise : Que fais-tu ? » (Daniel 4:35).

Dans le processus d'exaucement de la prière, l'exaucement de la prière par l'ordre direct constitue l'exception.

Dieu l'a institué pour deux raisons principales :

- exaucer toute créature selon ses desseins divins ;
- contrôler l'exaucement de toutes les prières dont sa réponse consiste uniquement en une intervention directe.

LA MANIÈRE DE L'ORDRE INDIRECT

Lorsqu'une prière parvient à ses oreilles, que sa réponse à cette prière consiste uniquement en une intervention directe et qu'il choisit de procéder à cette réponse par ordre indirect, Dieu laisse agir les puissances divines d'intervention selon le principe divin qui régit l'exaucement de la prière par l'institution divine « la droite de l'Éternel ».

Ce principe divin stipule qu'une puissance divine d'intervention, indépendamment des autres puissances divines d'intervention et en l'absence d'ordres directs en ce sens, doit exaucer toute prière relevant de son champ d'action, adressée à Dieu par une personne ayant atteint la quatrième dimension spirituelle qui stimule l'exaucement immédiat de la prière, à condition que ses éléments stimulants, établis par Dieu, soient actifs en cette personne.

En choisissant d'exaucer une prière par ordre indirect, Dieu permet, en réalité, à une personne transformée en temple de Dieu ou admise dans le sanctuaire céleste, qui s'adresse à lui et en laquelle les éléments stimulants des puissances divines d'intervention sont actifs, de déclencher elle-même l'exaucement de sa prière.

Autrement dit, Dieu autorise les puissances divines d'intervention à obéir à cette personne.

L'exemple le plus marquant d'une prière exaucée par ordre indirect est celui de la femme atteinte d'une perte de sang.

Voici ce que les Saintes Écritures rapportent concernant cet exaucement :

> Or, il y avait une femme atteinte d'une perte de sang depuis douze ans. Elle avait beaucoup souffert entre les mains de plusieurs médecins, elle avait dépensé tout ce qu'elle possédait, et elle

> n'avait éprouvé aucun soulagement, mais était allée plutôt en empirant. Ayant entendu parler de Jésus, elle vint dans la foule par derrière, et toucha son vêtement. Car elle disait : Si je puis seulement toucher ses vêtements, je serai guérie. Au même instant la perte de sang s'arrêta, et elle sentit dans son corps qu'elle était guérie de son mal. Jésus connut aussitôt en lui-même qu'une force était sortie de lui ; et, se retournant au milieu de la foule, il dit : Qui a touché mes vêtements ? Ses disciples lui dirent : Tu vois la foule qui te presse, et tu dis : Qui m'a touché ? Et il regardait autour de lui, pour voir celle qui avait fait cela. La femme, effrayée et tremblante, sachant ce qui s'était passé en elle, vint se jeter à ses pieds, et lui dit toute la vérité. Mais Jésus lui dit : Ma fille, ta foi t'a sauvée ; va en paix, et sois guérie de ton mal. (Marc 5:25–34)

Dans le processus d'exaucement de la prière, l'exaucement de la prière par l'ordre indirect constitue la norme.

Le Très-Haut l'a institué pour une raison fondamentale : conférer à toute créature qui est son temple ou qui est admise dans son sanctuaire céleste le pouvoir de devenir un dieu (Psaumes 82:6 ; Jean 10:34), c'est-à-dire le pouvoir de faire les œuvres que lui et le Seigneur Jésus-Christ font, et même d'en faire de plus grandes encore (Jean 14.12).

C'est grâce à la possession de ce pouvoir que :

- Josué arrêta le soleil et la lune (Josué 10:12–14) ;
- le roi David terrassa le géant Goliath (1 Samuel 17:41–51) et vainquit une troupe d'Amalécites avec seulement quatre cents hommes (1 Samuel 30:10–19) ;
- Étienne accomplissait des prodiges et de grands miracles parmi le peuple (Actes 6:8) ;
- l'apôtre Paul accomplissait des miracles extraordinaires, au point que des linges et des mouchoirs ayant touché son corps guérissaient les malades et chassaient les esprits mauvais (Actes 19:11–12) ;
- etc.

Quels sont les éléments stimulants des puissances divines d'intervention qui nous permettent de posséder ce pouvoir ?

Comment pouvons-nous les rendre actifs en nous ?

Avant de répondre à ces questions, parlons d'abord des puissances divines d'intervention.

Cela nous permettra non seulement de dévoiler les mystères qui entourent le passé, le présent et le futur de ces puissances divines d'intervention dans notre monde, mais surtout de mettre en lumière des éléments spécifiques qui nous aideront à répondre correctement à ces questions.

Car, au terme de cette révélation, se dévoile la grandeur des puissances divines d'intervention, établies par le Très-Haut pour agir dans la création et manifester son pouvoir.

LES PUISSANCES DIVINES D'INTERVENTION

Avant tout, qu'est-ce qu'une puissance divine ?

Une puissance divine est une force spirituelle de dimensions existentielles infiniment supérieures qui donne à des êtres ou à des éléments de dimensions existentielles intermédiaires et inférieures la possibilité d'être ou de ne pas être.

Concernant leur source et leur mission, les puissances divines puisent leur origine dans le Très-Haut et ont pour mission d'accomplir ses desseins et de manifester sa volonté.

Bien qu'elles partagent des caractéristiques et des propriétés similaires, les puissances divines se distinguent par leurs capacités d'accomplissement.

L'existence, la perfection et l'organisation méticuleuse de tout ce qui nous entoure (visible ou invisible, infiniment petit ou grand), ainsi que notre propre existence et celle des êtres et des éléments spirituels invisibles à nos yeux physiques, témoignent de leurs activités.

Quant au nombre de ces puissances divines, elles se comptent par myriades de myriades.

Qu'est-ce qu'une puissance divine d'intervention ?

Une puissance divine d'intervention est une force spirituelle de dimensions existentielles infiniment supérieures, chargée d'exécuter les ordres directs et indirects de Dieu, relatifs soit à la manifestation du bonheur suprême dans un monde de dimensions existentielles intermédiaires ou inférieures, soit à la maîtrise des êtres et des éléments de ce monde, et ce, dans les limites de son champ d'action et de sa mission dans ce monde.

Par « manifestation du bonheur suprême », nous entendons la satisfaction, dans les limites déterminées par Dieu, des besoins des créatures qui lui appartiennent.

Ces besoins peuvent être exprimés sous les formes suivantes :

- prière ;
- déclaration ;
- pensée ;
- souhait ;
- désir ;
- action ;
- émotion ;
- communication non verbale.

Les puissances divines d'intervention se sont révélées utiles dans notre monde lorsque Dieu déclara :

> « Faisons l'homme à notre image, selon notre ressemblance, et qu'il domine sur les poissons de la mer, sur les oiseaux du ciel, sur le bétail, sur toute la terre » (Genèse 1:26).

Depuis cette déclaration jusqu'à aujourd'hui, ces puissances divines d'intervention ont déjà été introduites à deux reprises dans notre monde dans le cadre du processus d'exaucement de la prière, et la troisième est à venir.

Quand les deux premières introductions de ces puissances divines d'intervention eurent-elles lieu ? Quelle fut la mission de chacune d'elles ?

Quand la troisième introduction de ces puissances divines d'intervention aura-t-elle lieu ? Quelle sera sa mission ?

Pour répondre à ces questions, dévoilons les mystères qui entourent chacune de ces trois introductions des puissances divines d'intervention dans notre monde.

LA PREMIÈRE INTRODUCTION DES PUISSANCES DIVINES D'INTERVENTION DANS NOTRE MONDE

Selon ce qui nous a été révélé, la première introduction des puissances divines d'intervention dans notre monde eut lieu immédiatement après sa création, plus précisément avant qu'Adam, le premier être humain, ne soit établi sur la terre.

Pour comprendre comment cette première introduction eut lieu, interprétons Genèse 2:8–17 en termes clairs, car ce passage biblique dépeint, à travers des représentations et des expressions codées, non seulement la création de notre monde et l'établissement d'Adam sur la terre, mais aussi l'introduction des puissances divines d'intervention dans notre monde, ainsi que d'autres réalités qui s'y rapportent.

Le tout, vu depuis le temple céleste.

Pour ce faire, nous allons procéder verset par verset et groupe de versets par groupe de versets.

> « Puis l'Éternel Dieu planta un jardin en Éden, du côté de l'orient, et il y mit l'homme qu'il avait formé » (Genèse 2:8).

Ce verset révèle que, premièrement, Dieu créa un nouveau monde spirituel de dimensions existentielles inférieures ; deuxièmement, il y intégra des dimensions physiques. C'est cette intégration qui est exprimée par l'expression codée « et il y mit l'homme qu'il avait formé ».

Dieu positionna ce monde à l'est de l'Éden, plus précisément à l'est du temple céleste.

Pour acquérir une compréhension générale de l'agencement des mondes spirituels, ce qui nous permettra de comprendre l'agencement de notre monde que nous venons de révéler, deux questions doivent être posées.

Qu'est-ce que l'Éden ?

Selon ce qui nous a été révélé, l'Éden est les cieux (Matthieu 23:9), autrement dit le royaume de Dieu.

Il est composé du monde spirituel de dimensions existentielles infiniment supérieures, du temple céleste relié au monde spirituel de dimensions existentielles infiniment supérieures et de tous les différents mondes spirituels de dimensions existentielles inférieures reliés au temple céleste.

Pourquoi notre monde est-il décrit comme un jardin dans ce verset ?

Notre monde est décrit comme un jardin dans ce verset, parce que la façon dont les mondes spirituels des dimensions existentielles inférieures sont disposés autour du temple céleste leur donne l'apparence de ses jardins.

> « L'Éternel Dieu fit pousser du sol des arbres de toute espèce, agréables à voir et bons à manger, et l'arbre de la vie au milieu du jardin, et l'arbre de la connaissance du bien et du mal » (Genèse 2:9).

Ce verset révèle deux événements qui ont suivi le positionnement de notre monde à l'est du temple céleste.

Ces événements sont les suivants :

1. Le lien entre notre monde et le temple céleste.
   Après avoir positionné notre monde à l'est du temple céleste, Dieu le relia à ce temple, permettant ainsi à l'être humain d'accéder à la vie éternelle.
   Cette vérité repose sur le principe divin selon lequel, dans le royaume des cieux tel qu'établi par Dieu, l'octroi de la vie éternelle aux habitants d'un monde spirituel de dimensions existentielles inférieures n'est possible que si ce monde est relié au temple céleste.
   Ce lien est attesté par la présence, dans ce monde, de l'arbre de vie, un élément du parvis du temple céleste.
2. L'octroi du libre arbitre à l'être humain.
   Après avoir relié notre monde au temple céleste, Dieu, dans sa souveraineté, accorda à l'être humain le libre arbitre.

> C'est cet octroi du libre arbitre qui explique la présence de l'arbre de la connaissance du bien et du mal dans notre monde, car, dans le royaume des cieux tel qu'établi par Dieu, l'octroi du libre arbitre aux habitants d'un monde spirituel de dimensions existentielles inférieures est attesté par la présence, dans ce monde, de l'arbre de la connaissance du bien et du mal, également un élément du parvis du temple céleste.

Qu'est-ce que le libre arbitre ?

Selon l'entendement divin, le libre arbitre est la capacité de faire des choix et de prendre des décisions sans contrainte extérieure, tout en assumant pleinement la responsabilité de ces choix et de leurs conséquences devant Dieu.

> « Un fleuve sortait d'Éden pour arroser le jardin, et de là il se divisait en quatre bras » (Genèse 2:10).

Le fleuve, qui sortait d'Éden, représente l'institution divine « la droite de l'Éternel ».

Ses quatre bras représentent les quatre puissances divines d'intervention qui constituent cette institution divine.

L'expression codée « pour arroser le jardin » signifie que les quatre puissances divines d'intervention furent introduites dans notre monde, puis intégrées à ses dimensions existentielles inférieures afin de le transformer en paradis.

> Le nom du premier est Pischon ; c'est celui qui entoure tout le pays de Havila, où se trouve l'or. L'or de ce pays est pur ; on y trouve aussi le bdellium et la pierre d'onyx. Le nom du second fleuve est Guihon ; c'est celui qui entoure tout le pays de Cusch. Le nom du troisième est Hiddékel ; c'est celui qui coule à l'orient de l'Assyrie. Le quatrième fleuve, c'est l'Euphrate. (Genèse 2:11–14)

Ces versets révèlent les noms humains que Dieu donna aux quatre puissances divines d'intervention afin de confirmer leur intégration aux dimensions existentielles inférieures de notre monde.

Ces noms sont :

- Pischon pour la première puissance divine d'intervention ;
- Guihon pour la deuxième ;
- Hiddékel pour la troisième ;
- Euphrate pour la quatrième.

> « L'Éternel Dieu prit l'homme, et le plaça dans le jardin d'Éden pour le cultiver et pour le garder » (Genèse 2:15).

Ce verset révèle qu'après la transformation de notre monde en paradis, appelé jardin d'Éden, Dieu y plaça l'être humain non seulement pour y résider, mais aussi pour y maintenir la présence des puissances divines d'intervention et préserver le lien entre notre monde et le temple céleste.

C'est ce que signifie l'expression codée « pour le cultiver et pour le garder ». Il ne s'agissait pas de travailler la terre pour la faire produire, car au paradis, les quatre puissances divines d'intervention pourvoyaient à tous les besoins de l'être humain.

Pourquoi Dieu confia-t-il à l'être humain la responsabilité de maintenir la présence des puissances divines d'intervention dans notre monde et de préserver le lien entre notre monde et le temple céleste ?

Dieu confia à l'être humain cette responsabilité parce qu'il était le principal bénéficiaire du bonheur suprême et de la vie éternelle, assurés respectivement par les puissances divines d'intervention et par le lien entre notre monde et le temple céleste.

> L'Éternel Dieu donna cet ordre à l'homme : Tu pourras manger de tous les arbres du jardin ; mais tu ne mangeras pas de l'arbre de la connaissance du bien et du mal, car le jour où tu en mangeras, tu mourras. (Genèse 2:16–17)

Ces versets révèlent l'élément stimulant des puissances divines d'intervention que l'être humain devait rendre actif en lui pour maintenir le bonheur suprême et la vie éternelle dans notre monde.

Cet élément stimulant était l'ordre : « Tu ne mangeras pas de l'arbre de la connaissance du bien et du mal ».

Pour rendre cet élément stimulant actif en lui, l'être humain devait obéir à cet ordre.

Quand les puissances divines d'intervention furent-elles retirées de notre monde pour la première fois ?

Les puissances divines d'intervention furent retirées de notre monde pour la première fois après que l'être humain eut désobéi à l'ordre : « Tu ne mangeras pas de l'arbre de la connaissance du bien et du mal », plus précisément lorsque le Très-Haut eut accompli dans sa vie ce qu'il entendait par l'expression codée « le jour où tu en mangeras, tu mourras ».

Quant à savoir comment le Très-Haut accomplit, dans la vie de l'être humain, ce qu'il entendait par cette expression codée, les Saintes Écritures rapportent :

> L'Éternel Dieu le chassa du jardin d'Éden, pour qu'il cultivât la terre, d'où il avait été pris. C'est ainsi qu'il chassa Adam ; et il mit à l'orient du jardin d'Éden les chérubins qui agitent une épée flamboyante, pour garder le chemin de l'arbre de vie. (Genèse 3:23–24)

Ces versets révèlent que Dieu retira d'abord les puissances divines d'intervention de notre monde. En conséquence, notre monde cessa d'être un paradis, obligeant l'être humain à travailler la terre pour subvenir à ses besoins. Ensuite, Dieu détacha notre monde du temple céleste, entraînant ainsi la perte de la vie éternelle pour l'être humain.

Avant même d'accomplir ces deux actes, Dieu annonça à l'être humain les épreuves qui l'attendaient dans un monde privé du bonheur suprême et de la vie éternelle. Il exprima cette annonce par les paroles suivantes :

> Il dit à la femme : J'augmenterai la souffrance de tes grossesses, tu enfanteras avec douleur, et tes désirs se porteront vers ton mari, mais il dominera sur toi. Il dit à l'homme : Puisque tu as écouté la voix de ta femme, et que tu as mangé de l'arbre au sujet duquel je t'avais donné cet ordre : Tu n'en mangeras point ! Le sol sera maudit à cause de toi. C'est à force de peine que tu en tireras ta nourriture tous les jours de ta vie, il te produira des épines et des ronces, et tu mangeras de l'herbe des champs. C'est à la sueur de ton visage que tu mangeras du pain, jusqu'à ce que tu retournes dans la terre, d'où tu as été pris ; car tu es poussière, et tu retourneras dans la poussière. (Genèse 3:16–19)

Par ces paroles, Dieu voulait faire comprendre à l'être humain qu'il n'avait pas été créé pour vivre indépendamment de lui. Lorsque l'être humain comprit cette vérité, il était déjà trop tard : le malheur annoncé par Dieu s'était abattu sur lui.

Désespéré, l'être humain se mit alors à rechercher Dieu, à lui offrir des sacrifices et à l'invoquer (Genèse 4:3–4, 26) dans l'espoir que Dieu lui accorderait sa grâce et lèverait la malédiction divine pesant sur son monde.

Cependant, les réponses qu'il recevait de Dieu, chaque fois qu'ils parvenaient à le trouver, se limitaient à un regard favorable ou à quelques recommandations ou reproches (Genèse 4:4–13), car Dieu l'avait laissé à son triste sort.

LA DEUXIÈME INTRODUCTION DES PUISSANCES DIVINES D'INTERVENTION DANS NOTRE MONDE

Bien qu'elle ne soit pas détaillée dans les Saintes Écritures comme la première, la deuxième introduction des puissances divines d'intervention dans notre monde eut lieu, selon ce qui nous a été révélé, après la naissance de Noé, plus précisément après que son père Lémec eut prononcé à son sujet cette parole prophétique :

> « Celui-ci nous consolera de nos fatigues et du travail pénible de nos mains, provenant de cette terre que l'Éternel a maudite » (Genèse 5:29).

Cette parole prophétique, que le Très-Haut avait placée dans le cœur de Lémec, ne fut pas seulement la prophétie qui déclencha la deuxième introduction des puissances divines d'intervention dans notre monde, mais aussi l'élément qui marqua le début du calendrier du salut de l'humanité et l'intronisation de Noé en tant que premier descendant choisi de la lignée choisie d'Hénoc.

Tout cela fut l'une des conséquences des deux premières des trois décisions que Dieu prit après avoir été très satisfait de la manière dont Hénoc, l'arrière-grand-père de Noé, marchait devant lui (Genèse 5:22).

Quelles furent ces deux premières décisions que Dieu prit ?

La première décision fut de se réconcilier avec l'humanité.

Dieu prit cette décision en raison de la conduite d'Hénoc qui lui prouva que l'être humain est capable de le craindre et d'accomplir les desseins pour lesquels il l'a créé s'il lui accorde une seconde chance.

Dans sa souveraineté, Dieu décida que cette réconciliation se déroulerait progressivement. Il fit cette réconciliation :

- d'abord avec Hénoc, car il avait décidé de le prendre dans son royaume des cieux (Genèse 5:24) ;
- ensuite avec la lignée choisie d'Hénoc ;
- enfin, avec toute l'humanité (2 Corinthiens 5:18–19 ; Romains 5:10–11).

La deuxième décision fut de fonder un peuple à partir de la postérité d'Hénoc, un peuple qui lui appartiendrait à jamais, sur lequel il régnerait pour l'éternité et qui porterait le nom d'Israël.

Dans sa souveraineté, Dieu décida que ce peuple serait composé selon les deux aspects du plan de salut suivants :

- Israël physique : l'ensemble des personnes descendant de la lignée choisie d'Hénoc ;
- Israël spirituel : l'ensemble des personnes partageant la qualité spirituelle d'Hénoc, à savoir la crainte de Dieu.

Comment Dieu s'y prit-il pour fonder Israël, son peuple ?

Dieu fonda Israël, son peuple, en procédant par quatre étapes, étalées dans le temps et ordonnées selon sa sagesse.

Premièrement, Dieu choisit douze descendants biologiques d'Hénoc, que nous appelons les descendants choisis d'Hénoc, au nombre desquels :

- Noé, fils de Lémec, fut le premier (Genèse 5:28–29) ;
- Sem, fils de Noé, le deuxième (Genèse 5:32) ;
- Arpacschad, fils de Sem, le troisième (Genèse 11:10–11) ;
- Schélach, fils d'Arpacschad, le quatrième (Genèse 11:12–13) ;
- Héber, fils de Schélach, le cinquième (Genèse 11:14–15) ;
- Péleg, fils de Héber, le sixième (Genèse 11:16–17) ;
- Rehu, fils de Péleg, le septième (Genèse 11:18–19) ;
- Serug, fils de Rehu, le huitième (Genèse 11:20–21) ;
- Nachor, fils de Serug, le neuvième (Genèse 11:22–23) ;
- Térach, fils de Nachor, le dixième (Genèse 11:24–25) ;
- Abram, fils de Térach, qu'il nomma Abraham, le onzième (Genèse 11:26 ; 17:5) ;

- Isaac, fils d'Abraham, le douzième (Genèse 21:1–3).

Deuxièmement, Dieu choisit Jacob, fils d'Isaac, et fit de lui Israël, son peuple (Romains 9:10–13 ; Genèse 35:10).

Troisièmement, Dieu choisit les douze fils de Jacob :

- Ruben ;
- Siméon ;
- Lévi ;
- Juda ;
- Zabulon ;
- Issacar ;
- Dan ;
- Gad ;
- Aser ;
- Nephthali ;
- Joseph ;
- Benjamin (Exode 1:1–5).

Il fit d'eux les douze patriarches physiques et spirituels d'Israël, son peuple, bien que, dans la répartition tribale, Lévi et Joseph aient été remplacés par Manassé et Éphraïm (Josué 14:4).

Quatrièmement, après l'établissement de la nouvelle alliance, Dieu choisit :

- Simon, appelé Pierre ;
- André, frère de Pierre ;
- Jacques, fils de Zébédée ;

- Jean, fils de Zébédée ;
- Philippe ;
- Barthélemy ;
- Matthieu ;
- Thomas ;
- Jacques, fils d'Alphée ;
- Thaddée, également appelé Jude, fils de Jacques ;
- Simon, appelé le Cananite ou le Zélote ;
- en remplacement de Judas Iscariote, non pas Matthias, que les onze apôtres tirèrent au sort (Actes 1:21–26), mais Saul de Tarse, appelé Paul (Actes 9:11–15).

Il fit d'eux non seulement les douze apôtres du Seigneur Jésus-Christ (Matthieu 10:2–4 ; Luc 6:13–16), mais aussi les douze patriarches spirituels d'Israël, son peuple, en remplacement des douze fils de Jacob.

Quant à la composition des deux aspects d'Israël :

- Israël physique comprend tous les descendants biologiques de Jacob, également appelés les enfants d'Israël ou les Israélites ;
- Israël spirituel, quant à lui, regroupe tous les descendants biologiques de Jacob ayant atteint la quatrième dimension spirituelle qui stimule l'exaucement immédiat de la prière et tous les non-descendants biologiques de Jacob, également parvenus à cette même dimension spirituelle.

Chacun de ces deux aspects d'Israël s'inscrit dans un dessein divin :

- l'Israël physique est le dépositaire :
  - des lois de Dieu,
  - de ses alliances,
  - de ses promesses,
  - de ses oracles (Romains 9:3–5 ; 3:1–2 ; Psaumes 147:19–20) ;
- l'Israël spirituel, quant à lui, est :
  - la race élue,
  - un sacerdoce royal,
  - la nation sainte,
  - le royaume des sacrificateurs (1 Pierre 2:9–10 ; Exode 19:6).

Concernant le statut des membres de ces deux aspects d'Israël devant Dieu :

- Tous les descendants biologiques de Jacob sont des habitants de la terre, comme tous les autres êtres humains.
- Cependant, parmi eux, et parmi les non-descendants biologiques, ceux qui ont atteint la quatrième dimension spirituelle qui stimule l'exaucement immédiat de la prière sont reconnus devant Dieu comme :
  - ses rachetés (Apocalypse 5:9–10),
  - ses témoins (Actes 1:8 ; Ésaïe 43:10),
  - ses enfants (Jean 1:12–13).

C'est pourquoi l'apôtre Paul, à qui le Saint-Esprit révéla cette vérité, déclara :

> Ce n'est point à dire que la parole de Dieu soit restée sans effet. Car tous ceux qui descendent d'Israël ne sont pas Israël, et, pour être la postérité d'Abraham, ils ne sont pas tous ses enfants ; mais il est dit : En Isaac sera nommée pour toi une postérité, c'est-à-dire que ce ne sont pas les enfants de la chair qui sont enfants de Dieu, mais que ce sont les enfants de la promesse qui sont regardés comme la postérité. (Romains 9:6–8)

Cette vérité fut également révélée au prophète Zacharie dans son intégralité, mais sous une forme symbolique, à travers une vision prophétique.

Voici ce qu'il raconte :

> L'ange qui parlait avec moi revint, et il me réveilla comme un homme que l'on réveille de son sommeil. Il me dit : Que vois-tu ? Je répondis : Je regarde, et voici, il y a un chandelier tout d'or, surmonté d'un vase et portant sept lampes, avec sept conduits pour les lampes qui sont au sommet du chandelier ; et il y a près de lui deux oliviers, l'un à la droite du vase, et l'autre à sa gauche. Et reprenant la parole, je dis à l'ange qui parlait avec moi : Que signifient ces choses, mon seigneur ? L'ange

> qui parlait avec moi me répondit : Ne sais-tu pas ce que signifient ces choses ? Je dis : Non, mon seigneur. (Zacharie 4:1–5)

Le prophète Zacharie poursuit :

> Je pris la parole et je lui dis : Que signifient ces deux oliviers, à la droite du chandelier et à sa gauche ? Je pris une seconde fois la parole, et je lui dis : Que signifient les deux rameaux d'olivier, qui sont près des deux conduits d'or d'où découle l'or ? Il me répondit : Ne sais-tu pas ce qu'ils signifient ? Je dis : Non, mon seigneur. Et il dit : Ce sont les deux oints qui se tiennent devant le Seigneur de toute la terre. (Zacharie 4:11–14)

Voici ce que ces symboles représentent et/ou signifient :

- Les deux oliviers, l'un à la droite du vase et l'autre à sa gauche, représentent respectivement les enfants d'Israël (l'olivier franc) et les nations (l'olivier sauvage) (Romains 11:24–25).
- L'or représente la sainteté.
- Le rameau d'olivier près du conduit d'or à droite du vase représente tous les descendants biologiques de Jacob ayant atteint la quatrième dimension spirituelle.

  Celui à gauche du vase représente tous les non-descendants biologiques de Jacob, également parvenus à cette même dimension spirituelle. Cette distinction s'explique par le fait que ces deux groupes, au sein de leurs peuples respectifs, sont les seuls qui, sur le plan spirituel, dégagent l'éclat de sainteté, représenté ici par l'or qui découle de ces deux rameaux d'olivier.

- Les lampes représentent tous les descendants biologiques de Jacob ayant atteint la quatrième dimension spirituelle et tous les non-descendants biologiques de Jacob, également parvenus à cette même dimension spirituelle, car ce sont eux les flambeaux de sainteté que Dieu distingue dans les ténèbres qui recouvrent la terre depuis que notre monde n'est plus un paradis (Philippiens 2:15).
- Ces lampes sont au nombre de sept pour représenter Hénoc, la septième génération d'Adam par Seth (Genèse 5:1–18), et pour confirmer que les descendants biologiques de Jacob ayant atteint la quatrième dimension spirituelle et les non-descendants biologiques de Jacob, également parvenus à cette même dimension spirituelle, qu'elles représentent, sont les seuls qui partagent la qualité spirituelle d'Hénoc.
- Le chandelier à sept branches, sans l'or ni les lampes, représente le monde humain dans sa dimension naturelle, non encore visité par la grâce rédemptrice de Dieu, telle qu'elle s'est manifestée dans l'ancienne et la nouvelle alliance, car ses sept branches évoquent les sept jours qu'il a fallu à Dieu pour achever la création du monde humain (Genèse 2:2).

- Le chandelier à sept branches tout en or et portant sept lampes représente le monde humain racheté, justifié et sanctifié, que le Très-Haut appelle Israël, son peuple, autrement dit Israël spirituel.
- Le vase surmontant le chandelier à sept branches tout en or, ainsi que la tige et la base de ce même chandelier, représentent la coupe d'or remplie de prières des saints, que chacun des quatre êtres vivants et des vingt-quatre vieillards tenait devant le Très-Haut dans la vision de l'apôtre Jean (Apocalypse 5:8).
- Ce vase et le chandelier à sept branches tout en or et portant sept lampes, tels que présentés, signifient que les descendants biologiques de Jacob ayant atteint la quatrième dimension spirituelle et les non-descendants biologiques de Jacob, également parvenus à cette même dimension spirituelle, sont les seuls dont le Très-Haut écoute les prières (Psaumes 34:15 [34:16] ; Proverbes 15:29).

  Autrement dit, ce sont les deux oints (c'est-à-dire élus) du monde humain qui ont le droit de s'approcher du trône du Très-Haut.

  C'est ce que l'ange voulut dire lorsqu'il déclara : « Ce sont les deux oints qui se tiennent devant le Seigneur de toute la terre ».

C'est pour répondre aux prières de ces deux élus, ainsi qu'à celles de Jacob et des douze descendants choisis d'Hénoc, dont l'exaucement exige une intervention directe, que le Très-Haut a, pour la deuxième fois, introduit dans notre monde les puissances divines d'intervention, cette fois-ci avec pour mission la consolation. Car, étant miséricordieux et riche en bonté, il ne pouvait pas abandonner son peuple, à qui il a pardonné l'iniquité et la rébellion, dans le monde humain frappé par la malédiction divine sans le consoler.

Cependant, comme Israël, son peuple, est constitué d'êtres humains à l'origine de cette malédiction divine, il ne pouvait pas non plus les soustraire à cette malédiction durant leur séjour dans le monde humain.

Cela s'explique par le décret immuable suivant : « L'Éternel est lent à la colère et riche en bonté, il pardonne l'iniquité et la rébellion ; mais il ne tient point le coupable pour innocent » (Nombres 14:18).

À l'heure où nous écrivons ces lignes, ces puissances divines d'intervention sont présentes dans notre monde. Elles y seront retirées lors de l'enlèvement au ciel des descendants biologiques de Jacob ayant atteint la quatrième dimension spirituelle et des non-descendants biologiques de Jacob, également parvenus à cette même dimension spirituelle (1 Thessaloniciens 4:14–17). Car, comme nous l'avons révélé précédemment, ces puissances divines d'intervention ont été introduites dans notre monde pour eux. C'est avec eux qu'elles quitteront notre monde.

LA TROISIÈME INTRODUCTION DES PUISSANCES DIVINES D'INTERVENTION DANS NOTRE MONDE

Avant de dévoiler les mystères qui entourent cette troisième introduction, révélons d'abord la troisième des trois décisions que Dieu prit après avoir été très satisfait de la manière dont Hénoc marchait devant lui, à savoir créer un nouveau monde humain.

Voici ce que Dieu déclara lorsqu'il révéla cette décision à Israël, son peuple, et à l'humanité tout entière :

> « Je vais créer de nouveaux cieux Et une nouvelle terre ; On ne se rappellera plus les choses passées, Elles ne reviendront plus à l'esprit » (Ésaïe 65:17).

Cette décision fut confirmée par le Seigneur Jésus-Christ, lorsqu'il déclara :

> Je vous le dis en vérité, quand le Fils de l'homme, au renouvellement de toutes choses, sera assis sur le trône de sa gloire, vous qui m'avez suivi, vous serez de même assis sur douze trônes, et vous jugerez les douze tribus d'Israël. (Matthieu 19:28)

Dieu prit cette décision pour deux raisons essentielles :

- établir tous les descendants biologiques de Jacob ayant atteint la quatrième dimension spirituelle et tous les non-descendants biologiques de Jacob, également parvenus à cette même dimension spirituelle, dans un monde humain qui subsistera devant lui (Ésaïe 66:22) ;

- accorder la vie éternelle à ces descendants biologiques de Jacob ayant atteint la quatrième dimension spirituelle et à ces non-descendants biologiques de Jacob, également parvenus à cette même dimension spirituelle (Romains 6:23).

Ces deux objectifs ne peuvent être réalisés dans le monde humain actuel, car le principe divin qui régit le lien entre les mondes spirituels de dimensions existentielles inférieures et le temple céleste stipule qu'un monde spirituel de dimensions existentielles inférieures, détaché du temple céleste à cause de la corruption et des péchés de ses habitants, ne peut être relié à nouveau à celui-ci pour que lesdits habitants retrouvent la vie éternelle. Au contraire, il est irrévocablement condamné à être consumé par le feu (2 Pierre 3:7).

C'est après la création de ce nouveau monde humain, plus précisément avant l'établissement, sur la nouvelle terre, des descendants biologiques de Jacob ayant atteint la quatrième dimension spirituelle et des non-descendants biologiques de Jacob, également parvenus à cette même dimension spirituelle, qu'aura lieu la troisième introduction des puissances divines d'intervention dans le nouveau monde humain.

Pour comprendre comment cette troisième introduction aura lieu, interprétons en termes clairs la vision que l'apôtre Jean raconte dans Apocalypse 21:1–22:7, car cette vision dépeint, à travers des représentations, des nombres et des expressions codées, non seulement la création du nouveau monde humain et l'établissement, sur la nouvelle terre, des descendants biologiques de Jacob ayant atteint la quatrième dimension spirituelle et des non-descendants biologiques de Jacob, également parvenus à cette même dimension spirituelle, mais aussi l'introduction des puissances divines d'intervention dans ce monde, ainsi que d'autres réalités qui s'y rapportent.

Pour ce faire, nous allons procéder verset par verset et groupe de versets par groupe de versets.

Autrement dit, nous allons pénétrer pas à pas dans cette vision, en dévoilant progressivement chaque symbole et chaque mystère afin d'en saisir la pleine révélation.

> « Puis je vis un nouveau ciel et une nouvelle terre ; car le premier ciel et la première terre avaient disparu, et la mer n'était plus » (Apocalypse 21:1).

Dans ce verset, Dieu montre à l'apôtre Jean la création du nouveau monde humain : un nouveau monde spirituel de dimensions existentielles inférieures, avec des dimensions physiques exactement comme le monde humain actuel, mais sans mer.

> « Et je vis descendre du ciel, d'auprès de Dieu, la ville sainte, la nouvelle Jérusalem, préparée comme

> une épouse qui s'est parée pour son époux » (Apocalypse 21:2).

Dans ce verset, Dieu montre à l'apôtre Jean, sous la forme d'une ville sainte descendant d'auprès de lui, l'introduction des puissances divines d'intervention dans le nouveau monde humain.

> Et j'entendis du trône une forte voix qui disait : Voici le tabernacle de Dieu avec les hommes ! Il habitera avec eux, et ils seront son peuple, et Dieu lui-même sera avec eux. Il essuiera toute larme de leurs yeux, et la mort ne sera plus, et il n'y aura plus ni deuil, ni cri, ni douleur, car les premières choses ont disparu. (Apocalypse 21:3–4)

Dans ces versets, Dieu révèle à l'apôtre Jean la mission des puissances divines d'intervention dans cette troisième introduction : transformer le nouveau monde humain en paradis, l'unique lieu où les êtres humains peuvent vivre sans deuil, sans cri et sans douleur.

Selon Apocalypse 21:2, ce nouveau paradis portera le nom de la nouvelle Jérusalem.

> « Et celui qui était assis sur le trône dit : Voici, je fais toutes choses nouvelles. Et il dit : Écris ; car ces paroles sont certaines et véritables » (Apocalypse 21:5).

Dans ces versets, Dieu confirme à l'apôtre Jean que la création du nouveau monde humain et sa transformation en paradis auront bel et bien lieu.

> Et il me dit : C'est fait ! Je suis l'alpha et l'oméga, le commencement et la fin. A celui qui a soif je donnerai de la source de l'eau de la vie, gratuitement. Celui qui vaincra héritera ces choses ; je serai son Dieu, et il sera mon fils. Mais pour les lâches, les incrédules, les abominables, les meurtriers, les impudiques, les enchanteurs, les idolâtres, et tous les menteurs, leur part sera dans l'étang ardent de feu et de soufre, ce qui est la seconde mort. (Apocalypse 21:6–8)

Dans ces versets, Dieu révèle à l'apôtre Jean que les portes du nouveau paradis sont ouvertes à tout être humain.

Cependant, pour y entrer, il faut être soit un descendant biologique de Jacob ayant atteint la quatrième dimension spirituelle, soit un non-descendant biologique de Jacob, également parvenu à cette même dimension spirituelle, car ce sont eux qui ont vaincu le péché et qui sont fils de Dieu (Galates 3:26).

> Puis un des sept anges qui tenaient les sept coupes remplies des sept derniers fléaux vint, et il m'adressa la parole, en disant : Viens, je te montrerai l'épouse, la femme de l'agneau. Et il me transporta en esprit sur une grande et haute mon-

> tagne. Et il me montra la ville sainte, Jérusalem, qui descendait du ciel d'auprès de Dieu, ayant la gloire de Dieu. Son éclat était semblable à celui d'une pierre très précieuse, d'une pierre de jaspe transparente comme du cristal. (Apocalypse 21:9–11)

Dans ces versets, Dieu transporte spirituellement l'apôtre Jean dans le futur pour qu'il soit témoin direct de la troisième introduction des puissances divines d'intervention dans le nouveau monde humain et qu'il observe d'autres détails qui n'ont pas été inclus dans la vision.

> Elle avait une grande et haute muraille. Elle avait douze portes, et sur les portes douze anges, et des noms écrits, ceux des douze tribus des fils d'Israël : à l'orient trois portes, au nord trois portes, au midi trois portes, et à l'occident trois portes. La muraille de la ville avait douze fondements, et sur eux les douze noms des douze apôtres de l'agneau. Celui qui me parlait avait pour mesure un roseau d'or, afin de mesurer la ville, ses portes et sa muraille. La ville avait la forme d'un carré, et sa longueur était égale à sa largeur. Il mesura la ville avec le roseau, et trouva douze mille stades ; la longueur, la largeur et la hauteur en étaient égales. Il mesura la muraille,

> et trouva cent quarante-quatre coudées, mesure d'homme, qui était celle de l'ange. (Apocalypse 21:12–17)

Les éléments que l'apôtre Jean décrit dans ce passage biblique sont les premiers de ces détails.

Voici ce qu'ils représentent et/ou signifient :

- Les quatre murs, qui forment la muraille de la ville sainte et lui donnent sa forme carrée, représentent les quatre puissances divines d'intervention.
  Dieu les a représentées ainsi parce que leurs champs d'action couvrent tous les besoins de la vie humaine.
- Le nombre cent quarante-quatre, formé par douze multiplié par douze, représente l'Israël spirituel, car c'est le seul des deux aspects d'Israël qui, dans son évolution, a eu pour patriarches spirituels les douze fils de Jacob, représentés par le premier nombre douze, et les douze apôtres du Seigneur Jésus-Christ, représentés par le second nombre douze.
- Ce nombre cent quarante-quatre est la mesure de l'épaisseur de la muraille pour signifier que les quatre puissances divines d'intervention seront introduites dans le nouveau monde humain exclusivement pour l'Israël spirituel.
- Le nombre douze mille est formé par douze multiplié par mille.

Le nombre douze représente Israël, tandis que le nombre mille représente les mille générations de la miséricorde de Dieu envers ceux qui l'aiment et gardent ses commandements (Exode 20:5–6).

Ainsi, le nombre douze mille représente les descendants biologiques de Jacob ayant atteint la quatrième dimension spirituelle et les non-descendants biologiques de Jacob, également parvenus à cette même dimension spirituelle, car ce sont eux qui aiment Dieu et gardent ses commandements.

Autrement dit, ce sont les seuls véritablement en alliance avec Dieu.

Cette vérité est également exprimée par le nombre cent quarante-quatre mille, qui est formé par cent quarante-quatre multiplié par mille, c'est-à-dire douze multiplié par douze multiplié par mille (Apocalypse 7:2–8).

- Ce nombre douze mille est la mesure de la ville sainte pour signifier que les descendants biologiques de Jacob ayant atteint la quatrième dimension spirituelle et les non-descendants biologiques de Jacob, également parvenus à cette même dimension spirituelle, sont les seuls à qui le Très-Haut a réservé le nouveau monde humain, c'est-à-dire le nouveau paradis.

  Ce que l'apôtre Jean décrit dans Apocalypse 7:9–17, c'est précisément cette vérité.

- Les douze portes représentent les douze tribus d'Israël. C'est pourquoi le nom de chaque tribu y est inscrit.

Dieu a représenté ces tribus ainsi parce que le salut est entré dans le monde humain par Israël (Jean 4:22).

- La présence d'un ange sur chacune des douze portes de la ville sainte signifie que le Très-Haut lui-même assurera la protection du nouveau paradis ainsi que celle de ses habitants.

Les éléments décrits par l'apôtre Jean dans les passages bibliques qui suivent s'inscrivent dans la continuité de ces détails.

> « La muraille était construite en jaspe, et la ville était d'or pur, semblable à du verre pur » (Apocalypse 21:18).

La construction des quatre murs de la ville sainte en jaspe (élément du monde humain) signifie que les quatre puissances divines d'intervention seront intégrées aux dimensions existentielles inférieures du nouveau monde humain afin de le transformer en paradis, ce qui ne fut pas le cas lors de la deuxième introduction de ces quatre puissances divines d'intervention dans le monde humain actuel.

L'or, comme révélé précédemment, représente la sainteté.

Cependant, la particularité de cette sainteté est qu'elle peut être interrompue par le péché.

Les êtres ayant cette sainteté sont les descendants biologiques de Jacob ayant atteint la quatrième dimension spirituelle et les non-descendants biologiques de Jacob, également parvenus à cette même dimension, car les Saintes Écritures déclarent :

> « Non, il n'y a sur la terre point d'homme juste qui fasse le bien et qui ne pèche jamais » (Ecclésiaste 7:20).

> « Car tous ont péché et sont privés de la gloire de Dieu ; et ils sont gratuitement justifiés par sa grâce, par le moyen de la rédemption qui est en Jésus-Christ » (Romains 3:23–24).

En revanche, l'or pur, semblable à du verre pur, représente la sainteté continue, c'est-à-dire la sainteté qui ne sera jamais interrompue par le péché.

Les êtres ayant cette sainteté sont les êtres spirituels qui habitent le temple céleste et les mondes de dimensions existentielles inférieures qui y sont reliés.

Ainsi, l'expression codée « la ville était d'or pur, semblable à du verre pur » signifie que, dans le nouveau paradis, la sainteté continue sera le fondement de la vie.

> Les fondements de la muraille de la ville étaient ornés de pierres précieuses de toute espèce : le premier fondement était de jaspe, le second de saphir, le troisième de calcédoine, le quatrième d'émeraude, le cinquième de sardonyx, le sixième de sardoine, le septième de chrysolithe, le huitième de béryl, le neuvième de topaze, le dixième de chrysoprase, le onzième d'hyacinthe, le douzième d'améthyste. (Apocalypse 21:19–20)

Pour bien interpréter ces versets, révélons d'abord la signification de l'expression codée suivante, citée précédemment : « la muraille de la ville avait douze fondements, et sur eux les douze noms des douze apôtres de l'agneau ».

Cette expression codée signifie que la muraille de la ville sainte reposait sur douze pieux, chacun placé, comme cela nous a été révélé, sous la base des deux piliers formant chaque porte.

Vus d'en bas, ces douze pieux, ornés de pierres précieuses et portant les noms des douze apôtres du Seigneur Jésus-Christ, représentent le pectoral du jugement que le Seigneur Jésus-Christ portait sur son cœur lorsqu'il entra dans le sanctuaire céleste pour offrir à Dieu son sang comme sacrifice d'expiation.

Ce pectoral du jugement, dit du Seigneur Jésus-Christ, en référence à son statut de seul et unique Souverain Sacrificateur de la nouvelle alliance, n'est autre que le pectoral du jugement de l'ancienne alliance (Exode 28:15–29), auquel le Très-Haut apporta deux modifications fondamentales pour sceller le changement de l'alliance entre lui et l'humanité, à savoir l'inclusion des non-descendants biologiques de Jacob dans le processus du salut, lequel était l'apanage des descendants biologiques de Jacob.

La première modification concerna la disposition des douze pierres précieuses sur le pectoral du jugement.

Sous l'ancienne alliance, ces pierres étaient disposées en quatre rangées de trois pierres chacune, représentant les quatre puissances divines d'intervention.

En revanche, sous la nouvelle alliance, ces pierres sont disposées en forme de carré, avec trois pierres de chaque côté.

La seconde modification fut l'inscription des noms des douze apôtres du Seigneur Jésus-Christ sur ces pierres, un nom par pierre, en remplacement de ceux des douze fils de Jacob.

Cette modification découle du principe divin selon lequel seuls les noms des patriarches spirituels d'Israël correspondant à l'alliance en vigueur sont inscrits sur ces pierres.

Ce pectoral du jugement est constitué de douze pieux de la muraille de la ville sainte pour signifier que l'expiation accomplie par le Seigneur Jésus-Christ pour l'humanité dans le sanctuaire céleste est le seul fondement qui assurera le maintien et la perpétuité de la présence des puissances divines d'intervention dans le nouveau monde humain.

Cela signifie que dans le nouveau paradis, même si les descendants biologiques de Jacob ayant atteint la quatrième dimension spirituelle et les non-descendants biologiques de Jacob, également parvenus à cette même dimension spirituelle, venaient à pécher, Dieu ne retirera pas les puissances divines d'intervention du nouveau monde humain, comme il le fit dans l'ancien paradis. Au contraire, il leur pardonnera en raison de l'expiation du Seigneur Jésus-Christ, qui leur a accordé une rédemption éternelle.

> « Les douze portes étaient douze perles ; chaque porte était d'une seule perle. La place de la ville

> était d'or pur, comme du verre transparent » (Apocalypse 21:21).

Les douze perles, dont sont faites les douze portes, représentent les douze descendants choisis d'Hénoc, ces êtres humains rares et distingués qui constituent la lignée dont Israël, physique et spirituel, est issu.

Dieu les a représentés ainsi parce que, même s'ils ne craignaient pas tous Dieu comme leur ancêtre Hénoc, ils étaient néanmoins meilleurs que leurs contemporains dans leur crainte de Dieu.

Autrement dit, ils étaient moins corrompus que le reste de l'humanité.

C'est précisément cette distinction qui leur a valu un amour particulier de Dieu, comme le déclarent les Saintes Écritures :

> Voici, à l'Éternel, ton Dieu, appartiennent les cieux et les cieux des cieux, la terre et tout ce qu'elle renferme. Et c'est à tes pères seulement que l'Éternel s'est attaché pour les aimer ; et, après eux, c'est leur postérité, c'est vous qu'il a choisis d'entre tous les peuples, comme vous le voyez aujourd'hui. (Deutéronome 10:14–15)

L'expression codée « la place de la ville était d'or pur, comme du verre transparent » confirme que, dans le nouveau paradis, la sainteté continue sera bel et bien le fondement de la vie.

> « Je ne vis point de temple dans la ville ; car le Seigneur Dieu tout-puissant est son temple, ainsi que l'agneau » (Apocalypse 21:22).

L'absence du temple de Dieu dans la ville sainte s'explique par le fait que, dans le royaume des cieux, il n'y a qu'un seul temple de Dieu, le temple céleste, et que toutes les créatures capables de s'adresser à Dieu, qui y habitent, sont elles-mêmes ses temples.

> « La ville n'a besoin ni du soleil ni de la lune pour l'éclairer ; car la gloire de Dieu l'éclaire, et l'agneau est son flambeau » (Apocalypse 21:23).

Ce verset révèle que le nouveau paradis demeurera éternellement exempt de péché, contrairement à l'ancien.

En d'autres termes, le nouveau monde humain ne sera jamais plongé dans les ténèbres, comme l'est le monde humain actuel, car les instigateurs du péché, à savoir Satan et ses démons, n'y auront aucun accès.

> Les nations marcheront à sa lumière, et les rois de la terre y apporteront leur gloire. Ses portes ne se fermeront point le jour, car là il n'y aura point de nuit. On y apportera la gloire et l'honneur des nations. (Apocalypse 21:24–26)

Ces versets révèlent que les portes du nouveau paradis sont ouvertes à tout être humain, quelle que soit sa tribu, sa langue, son peuple ou sa nation.

> « Il n'entrera chez elle rien de souillé, ni personne qui se livre à l'abomination et au mensonge ; il n'entrera que ceux qui sont écrits dans le livre de vie de l'agneau » (Apocalypse 21:27).

Ce verset révèle que, bien que les portes du nouveau paradis soient ouvertes à tout être humain, l'accès y est réservé uniquement à ceux ayant atteint la quatrième dimension spirituelle qui stimule l'exaucement immédiat de la prière, car ce sont eux les seuls dont les noms sont inscrits dans le livre de vie de l'Agneau.

> « Et il me montra un fleuve d'eau de la vie, limpide comme du cristal, qui sortait du trône de Dieu et de l'agneau » (Apocalypse 22:1).

Le fleuve d'eau de la vie, évoqué dans ce verset, représente l'institution divine « la droite de l'Éternel ».

> Au milieu de la place de la ville et sur les deux bords du fleuve, il y avait un arbre de vie, produisant douze fois des fruits, rendant son fruit chaque mois, et dont les feuilles servaient à la guérison des nations. (Apocalypse 22:2)

Ce verset révèle que le nouveau monde humain sera relié au temple céleste, ce qui implique que Dieu accordera la vie éternelle aux descendants biologiques de Jacob ayant atteint la quatrième dimension spirituelle et aux non-descendants biologiques de Jacob, également parvenus à cette même dimension spirituelle. Car, comme nous l'avons révélé précédemment, l'octroi de la vie éternelle aux habitants d'un monde spirituel de dimensions existentielles inférieures n'est possible que si ce monde est relié au temple céleste.

Ce lien est attesté par la présence, dans ce monde, de l'arbre de vie.

> Il n'y aura plus d'anathème. Le trône de Dieu et de l'agneau sera dans la ville ; ses serviteurs le serviront et verront sa face, et son nom sera sur leurs fronts. Il n'y aura plus de nuit ; et ils n'auront besoin ni de lampe ni de lumière, parce que le Seigneur Dieu les éclairera. Et ils régneront aux siècles des siècles. Et il me dit : Ces paroles sont certaines et véritables ; et le Seigneur, le Dieu des esprits des prophètes, a envoyé son ange pour montrer à ses serviteurs les choses qui doivent arriver bientôt. Et voici, je viens bientôt. Heureux celui qui garde les paroles de la prophétie de ce livre ! (Apocalypse 22:3–7)

Ces versets rassemblent et confirment les révélations précédentes, tout en concluant la vision avec une promesse ferme : l'accomplissement imminent du dessein de Dieu et la félicité éternelle pour ceux qui gardent les paroles de cette prophétie.

Voilà la révélation des mystères qui entourent le passé, le présent et le futur des puissances divines d'intervention dans notre monde, laquelle nous a permis de mettre en lumière des éléments spécifiques qui nous aideront à répondre correctement à la question de savoir quels sont les éléments stimulants des puissances divines d'intervention qui nous permettent de posséder le pouvoir de faire les œuvres que le Très-Haut et le Seigneur Jésus-Christ font, et même d'en faire de plus grandes encore, et comment nous pouvons les rendre actifs en nous.

Ces éléments spécifiques sont les suivants :

- le nombre des puissances divines d'intervention ;
- leurs noms humains ;
- leur mission actuelle dans notre monde ;
- le nombre douze, qui revient de manière prophétique tout au long de l'évolution spirituelle d'Israël, comme un repère sacré dans l'histoire du salut :
  - douze descendants choisis d'Hénoc,
  - douze fils de Jacob,
  - douze apôtres du Seigneur Jésus-Christ.

LES ÉLÉMENTS STIMULANTS DES PUISSANCES DIVINES D'INTERVENTION

Si nous avons suivi attentivement l'interprétation de la vision de l'apôtre Jean, que nous avons développée au point précédent, nous remarquerons qu'il y a un détail qu'il a observé lorsque Dieu l'a transporté en esprit dans le futur, dont nous n'avons pas encore révélé la signification. Ce n'est pas un oubli de notre part, mais la volonté délibérée d'en parler à ce stade afin de le présenter de manière appropriée.

Ce détail, ce sont les douze pieux de la muraille de la ville sainte, ornés de pierres précieuses et disposés en forme de carré, avec trois pieux de chaque côté.

Ainsi, ces douze pieux, ornés de pierres précieuses, représentent les douze éléments stimulants des puissances divines d'intervention.

Leur répartition, trois pieux sur chacun des quatre côtés de la muraille de la ville sainte, illustre la répartition de ces douze éléments stimulants, soit trois pour chaque puissance divine d'intervention.

Ce n'est qu'à la deuxième introduction des puissances divines d'intervention dans notre monde que Dieu porta le nombre de ces éléments stimulants à douze et qu'il les répartit de cette manière (Exode 28:17–21).

La raison de ce changement reste connue de lui seul.

Quant à la question de savoir quels sont ces douze éléments stimulants et comment nous pouvons les rendre actifs en nous afin de posséder le pouvoir de faire les œuvres que le Très-Haut et le Seigneur Jésus-Christ font, et même d'en faire de plus grandes encore, il nous a été révélé que ces douze éléments stimulants sont, en réalité, douze engagements que nous devons honorer afin d'atteindre les quatre dernières des huit dimensions spirituelles qui stimulent l'exaucement immédiat de la prière, appelées les quatre dimensions spirituelles qui stimulent les actions des puissances divines d'intervention.

Ces douze engagements sont ceux qu'impliquent les six derniers commandements de la loi de l'alliance ainsi que les autres lois et principes divins que Dieu donna aux enfants d'Israël sous l'ancienne alliance et que le Seigneur Jésus-Christ, sous la nouvelle alliance, résuma et approfondit.

Ces engagements ne deviennent véritablement les stimulants des puissances divines d'intervention que lorsqu'ils sont honorés par une personne ayant atteint la quatrième dimension spirituelle qui stimule l'exaucement immédiat de la prière.

Cela s'explique par le fait que les puissances divines d'intervention, telles qu'établies par Dieu, ne peuvent être stimulées que par une personne transformée en temple de Dieu ou admise dans le sanctuaire céleste.

Le nombre douze, qui revient de manière prophétique tout au long de l'évolution spirituelle d'Israël, est le code sacré qui symbolise ces douze engagements.

Quels sont ces douze engagements ?

Pour répondre à cette question, dévoilons les principes fondamentaux qui régissent, dans notre monde et en cette période de consolation divine, l'action de chaque puissance divine d'intervention, tant dans l'exaucement de la prière par ordre direct que dans l'exaucement de la prière par ordre indirect.

Pour bien le faire, nous dévoilerons également le champ d'action de chacune de ces puissances divines d'intervention et présenterons quelques exemples bibliques qui illustrent leur œuvre.

Comme le Très-Haut n'a renommé ces puissances divines d'intervention ni lors de leur deuxième introduction ni dans la vision de leur troisième, nous les désignerons par les noms humains qu'il leur a donnés lors de leur première introduction.

LA PUISSANCE DIVINE D'INTERVENTION PISCHON

La puissance divine d'intervention Pischon est celle dont le champ d'action englobe le succès, la réussite et la prospérité, ainsi que tout ce qui s'y rapporte.

Dans notre monde et en cette période de consolation divine, elle incarne la puissance divine d'intervention qui assure la matérialisation des promesses divines suivantes, ainsi que tout ce qui s'y rapporte :

> « L'Éternel ordonnera à la bénédiction d'être avec toi dans tes greniers et dans toutes tes entreprises. Il te bénira dans le pays que l'Éternel, ton Dieu, te donne » (Deutéronome 28:8).

> « L'Éternel t'ouvrira son bon trésor, le ciel, pour envoyer à ton pays la pluie en son temps et pour bénir tout le travail de tes mains ; tu prêteras à beaucoup de nations, et tu n'emprunteras point » (Deutéronome 28:12).

> L'Éternel, ton Dieu, te comblera de biens en faisant prospérer tout le travail de tes mains, le fruit de tes entrailles, le fruit de tes troupeaux et le fruit de ton sol ; car l'Éternel prendra de nouveau plaisir à ton bonheur. (Deutéronome 30:9)

Dans l'exaucement de la prière par ordre direct, cette puissance divine Pischon matérialise, sans autre condition que l'ordre direct de Dieu, l'exaucement de toutes les prières relatives au succès, à la réussite et à la prospérité, adressées à Dieu par une personne désignée par lui.

Ce principe repose sur le fait que, dans l'exaucement de la prière par ordre direct tel qu'établi par Dieu, les puissances divines d'intervention n'opèrent que selon les ordres directs donnés par Dieu et n'interviennent que dans la vie d'une personne désignée par lui.

Par « personne désignée par Dieu », nous entendons toute personne, craignant Dieu ou non, que le Très-Haut, dans sa souveraineté, choisit pour accomplir ses desseins sur la terre.

Le premier exemple marquant de la matérialisation par ordre direct du succès, de la réussite et de la prospérité dans la vie d'une personne désignée par Dieu grâce à cette puissance divine Pischon est celui du roi Salomon (1 Rois 3:5–14).

Les Saintes Écritures rapportent :

> « Le roi Salomon fut plus grand que tous les rois de la terre par les richesses et par la sagesse. Tout le monde cherchait à voir Salomon, pour entendre la sagesse que Dieu avait mise dans son cœur » (1 Rois 10:23–24).

Le second exemple marquant de la matérialisation par ordre direct du succès, de la réussite et de la prospérité dans la vie d'une personne désignée par Dieu grâce à cette puissance divine Pischon est celui de Joseph.

Les Saintes Écritures rapportent :

> Dès que Potiphar l'eut établi sur sa maison et sur tout ce qu'il possédait, l'Éternel bénit la maison de l'Égyptien, à cause de Joseph ; et la bénédiction de l'Éternel fut sur tout ce qui lui appartenait, soit à la maison, soit aux champs. (Genèse 39:5)

De plus, selon Genèse 41:14–43, Joseph, après avoir interprété les songes de Pharaon, fut élevé au rang de gouverneur de tout le pays d'Égypte, autrement dit premier ministre, devenant ainsi un instrument clé de la providence divine.

Dans l'exaucement de la prière par ordre indirect, cette puissance divine Pischon matérialise également l'exaucement de toutes les prières relatives au succès, à la réussite et à la prospérité, adressées à Dieu, mais cette fois-ci par une personne ayant atteint la quatrième dimension spirituelle, à condition que cette dernière honore les trois engagements qui stimulent la puissance divine Pischon.

Ces engagements sont les suivants :

- s'engager à choisir un travail ou une activité conforme aux principes et aux lois de Dieu et qui ne nuit pas à autrui (Colossiens 3:23 ; 1 Corinthiens 10:31–32) ;
- s'engager à ne pas faire du rang que l'on occupe dans ce travail ou cette activité un voile pour couvrir la méchanceté (1 Pierre 2:16), ce qui implique de rejeter et de condamner l'oppression, l'exploitation et toute fraude (Deutéronome 24:14–15 ; 25:13–16 ; Jérémie 22:13) ;
- s'engager à payer la dîme de tout revenu gagné dans le cadre de ce travail ou de cette activité (Malachie 3:10) et à faire preuve de générosité, en particulier envers les démunis (Deutéronome 15:7–11 ; Matthieu 5:42).

Sur l'échelle des dimensions spirituelles qui stimulent l'exaucement immédiat de la prière, le respect de ces engagements permet à cette personne d'atteindre la cinquième dimension spirituelle.

Notons que pour qu'une puissance divine d'intervention déclenche son action dans la vie d'une personne qui l'a stimulée, cette personne doit accomplir les deux actes suivants :

1. Adresser au Très-Haut, Dieu Tout-Puissant, une prière correspondant au champ d'action de cette puissance divine d'intervention ;
2. Croire fermement en l'exaucement de cette prière (Marc 11:24).

La raison pour laquelle, dans l'exaucement de la prière par ordre indirect, ces deux actes sont indispensables réside dans le fait que :

- une puissance divine d'intervention ne s'active que lorsqu'une prière, parvenue aux oreilles de Dieu, correspond à son champ d'action ;
- la foi constitue le portail spirituel par lequel une puissance divine d'intervention entre et agit dans la vie d'une personne qui s'est approchée du trône de Dieu.

C'est pourquoi les Saintes Écritures déclarent :

> « Or sans la foi il est impossible de lui être agréable ; car il faut que celui qui s'approche de Dieu croie que Dieu existe, et qu'il est le rémunérateur de ceux qui le cherchent » (Hébreux 11:6).

En ce qui concerne la foi, nous devons savoir que :

- elle naît et grandit en nous chaque fois que nous écoutons la parole de Dieu (Romains 10:17) ;
- elle se manifeste comme une ferme assurance des choses que nous espérons et une démonstration de celles que nous ne voyons pas, toutes deux distinctes de ce qui est naturel, car elles relèvent d'un ordre spirituel supérieur (Hébreux 11:1) ;
- elle diminue et meurt en nous chaque fois que nous choisissons de ne pas mettre en pratique la parole de Dieu que nous avons entendue (Jacques 2:17).

Le premier exemple marquant de la matérialisation par ordre indirect du succès, de la réussite et de la prospérité dans la vie d'une personne ayant atteint la cinquième dimension spirituelle est celui du roi David.

Les Saintes Écritures rapportent :

> « Il réussissait dans toutes ses entreprises, et l'Éternel était avec lui » (1 Samuel 18:14).

Les Saintes Écritures ajoutent :

> « Il mourut dans une heureuse vieillesse, rassasié de jours, de richesse et de gloire » (1 Chroniques 29:28).

Le second exemple marquant de la matérialisation par ordre indirect du succès, de la réussite et de la prospérité dans la vie d'une personne ayant atteint la cinquième dimension spirituelle est celui du prophète Daniel.

Les Saintes Écritures rapportent :

> « Daniel prospéra sous le règne de Darius, et sous le règne de Cyrus, le Perse » (Daniel 6:28).

La singularité de cette puissance divine Pischon réside dans le fait que lorsqu'elle est stimulée ou autorisée à intervenir dans la vie d'une personne, elle déploie et accroît la sagesse et l'intelligence de cette dernière, et ce, dans les limites déterminées par Dieu (Proverbes 9:10).

Autrement dit, là où Pischon agit, la lumière de Dieu pénètre les ténèbres de l'ignorance, l'ordre divin remplace la confusion humaine et toute œuvre entreprise sous son impulsion prospère selon les desseins célestes (Proverbes 2:6).

LA PUISSANCE DIVINE D'INTERVENTION GUIHON

La puissance divine d'intervention Guihon est celle dont le champ d'action englobe la guérison et la restauration du corps, de l'âme et de l'esprit des créatures, ainsi que tout ce qui s'y rapporte.

Dans notre monde et en cette période de consolation divine, elle incarne la puissance divine d'intervention qui assure la matérialisation des promesses divines suivantes, ainsi que tout ce qui s'y rapporte :

> Il n'y aura chez toi ni homme ni femme stérile, ni bête stérile parmi tes troupeaux. L'Éternel éloignera de toi toute maladie ; il ne t'enverra aucune de ces mauvaises maladies d'Égypte qui te sont connues, mais il en frappera tous ceux qui te haïssent. (Deutéronome 7:14–15)

Dans l'exaucement de la prière par ordre direct, cette puissance divine Guihon matérialise, sans autre condition que l'ordre direct de Dieu, l'exaucement de toutes les prières relatives à la guérison et à la restauration du corps, de l'âme et de l'esprit, adressées à Dieu par une personne désignée par lui.

Le premier exemple marquant d'une guérison par ordre direct, assurée par cette puissance divine Guihon, est celui du roi Ézéchias (2 Rois 20:1–7).

Le deuxième exemple marquant d'une guérison par ordre direct, assurée par cette puissance divine Guihon, est celui de Naaman (2 Rois 5:7–14).

Le troisième exemple marquant d'une guérison par ordre direct, assurée par cette puissance divine Guihon, dont la présence était signalée par l'agitation de l'eau par un ange, est celui des malades à la piscine de Béthesda.

Voici le témoignage des Écritures au sujet de cette scène sacrée :

> Or, à Jérusalem, près de la porte des brebis, il y a une piscine qui s'appelle en hébreu Béthesda, et qui a cinq portiques. Sous ces portiques étaient couchés en grand nombre des malades, des aveugles, des boiteux, des paralytiques, qui attendaient le mouvement de l'eau ; car un ange descendait de temps en temps dans la piscine, et agitait l'eau ; et celui qui y descendait le premier après que l'eau avait été agitée était guéri, quelle que fût sa maladie. (Jean 5:2–4)

Durant son ministère terrestre, le Seigneur Jésus a également utilisé par ordre direct la puissance divine Guihon pour guérir et restaurer le corps, l'âme et l'esprit des personnes désignées par lui.

Voici quelques exemples de cette utilisation :

- la guérison de l'homme à la main desséchée dans la synagogue (Marc 3:1–5) ;
- la guérison du paralytique à Béthesda (Jean 5:5–9) ;
- la guérison du lépreux (Marc 1:40–41) ;
- la résurrection du fils de la veuve de Naïn (Luc 7:11–17) ;
- la résurrection de Lazare (Jean 11:33–44).

Dans l'exaucement de la prière par ordre indirect, cette puissance divine Guihon matérialise également l'exaucement de toutes les prières relatives à la guérison et à la restauration du corps, de l'âme et de l'esprit, adressées à Dieu, mais cette fois-ci par une personne ayant atteint la quatrième dimension spirituelle, à condition que cette dernière honore les trois engagements qui stimulent la puissance divine Guihon.

Ces engagements sont les suivants :

- s'engager à vivre dans le respect et l'amour envers autrui, ce qui implique :
  - de rejeter et de condamner toute forme de violence (Exode 20:13),
  - d'honorer toute personne, en particulier ses parents (Exode 20:12 ; Éphésiens 6:1–3),
  - de préserver les biens d'autrui (Exode 20:15),
  - de s'abstenir de porter atteinte à autrui pour satisfaire son désir excessif de posséder (Éphésiens 5:3),
  - de se réjouir de ce que l'on possède sans convoiter ce qui appartient à autrui (Exode 20:17) ;
- s'engager à s'abstenir de toute pratique sexuelle immorale en étant fidèle et intègre dans toutes ses actions et relations (Exode 20:14 ; Hébreux 13:4 ; Proverbes 11:3) ;
- s'engager à traiter les animaux avec respect et dignité (Deutéronome 25:4), ce qui implique :
  - d'éviter la cruauté et les abus envers eux, ainsi que les pratiques immorales ou contre nature les impliquant (Proverbes 12:10 ; Lévitique 18:23),
  - de ne tuer que ceux que nous voulons manger ou ceux qui veulent nous manger ou nous nuire (Genèse 9:3).

Sur l'échelle des dimensions spirituelles qui stimulent l'exaucement immédiat de la prière, le respect de ces engagements permet à cette personne d'atteindre la sixième dimension spirituelle.

Le premier exemple marquant d'une guérison par ordre indirect, assurée par cette puissance divine Guihon, est celui de la femme atteinte d'une perte de sang, relaté dans Marc 5:25–34, cité précédemment.

Le second exemple marquant d'une guérison par ordre indirect, assurée par cette puissance divine Guihon, est celui d'Anne (1 Samuel 1:1–20).

Depuis la deuxième introduction de cette puissance divine Guihon dans notre monde, son champ d'action a été étendu à deux reprises par Dieu : d'abord à l'établissement de l'ancienne alliance, puis à la naissance du Seigneur Jésus-Christ.

Lors de la première extension, Dieu autorisa cette puissance divine Guihon à assurer la guérison et la restauration du corps, de l'âme et de l'esprit d'un descendant biologique de Jacob n'ayant pas encore atteint la sixième dimension spirituelle, à condition qu'une personne déjà parvenue à cette dimension spirituelle intercède en sa faveur.

Le premier exemple marquant de ce cas est la résurrection du fils de la veuve de Sarepta grâce à l'intercession du prophète Élie en sa faveur (1 Rois 17:17–24).

Le second exemple marquant de ce cas est la résurrection du fils de la femme Sunamite grâce à l'intercession du prophète Élisée en sa faveur (2 Rois 4:32–37).

Lors de la seconde extension, Dieu autorisa la puissance divine Guihon à assurer également la guérison et la restauration du corps, de l'âme et de l'esprit, cette fois-ci non seulement d'un descendant biologique de Jacob n'ayant pas encore atteint la sixième dimension spirituelle, mais aussi d'un non-descendant biologique de Jacob dans le même cas, à condition qu'une personne déjà parvenue à cette dimension spirituelle intercède et/ou prononce une déclaration en leur faveur.

Le premier exemple marquant de ce cas est la résurrection de Tabitha (Dorcas) grâce à l'intercession et à la déclaration de l'apôtre Pierre en sa faveur (Actes 9:36–42).

Le deuxième exemple marquant de ce cas est la guérison de l'homme boiteux à la porte du temple grâce à la déclaration de l'apôtre Pierre en sa faveur (Actes 3:1–10).

Le troisième exemple marquant de ce cas est la guérison de l'homme boiteux à Lystre grâce à la déclaration de l'apôtre Paul en sa faveur (Actes 14:8–10).

Jusqu'à ce jour, cette autorisation demeure pleinement valide et en vigueur.

En plus d'utiliser cette puissance divine Guihon pour guérir et restaurer le corps, l'âme et l'esprit de ses créatures, Dieu s'en sert également pour infliger des maladies aux ennemis de ceux qui lui appartiennent, ainsi qu'à ceux qui les haïssent ou leur causent du tort.

Il l'emploie aussi contre ceux qui lui appartiennent lorsqu'ils lui désobéissent, car infliger des maladies fait partie intégrante du champ d'action de cette puissance divine Guihon, bien que cela ne soit pas inclus dans l'exaucement de la prière par ordre indirect.

Voici quelques exemples marquants de cette utilisation divine :

- La stérilité d'Abimélec et de sa maison : lorsque Abimélec, roi de Guérar, prit Sara, croyant qu'elle était la sœur d'Abraham, Dieu frappa sa maison de stérilité jusqu'à ce qu'Abraham, par ordre de Dieu, intercède en sa faveur (Genèse 20:1–18).
- La peste infligée aux enfants d'Israël : à la suite de la rébellion de Koré, Dathan et Abiram, Dieu frappa son peuple d'une peste meurtrière jusqu'à l'intercession du prophète Moïse en leur faveur (Nombres 16:41–50).
- Les tumeurs des Philistins : après leur capture de l'arche de l'alliance, Dieu les frappa de plaies jusqu'à ce qu'ils la restituent à Israël (1 Samuel 5:1–12).
- La maladie du roi Joram : pour sa désobéissance, Dieu le frappa d'une maladie intestinale incurable qui le fit souffrir jusqu'à sa mort (2 Chroniques 21:18–19).

LA PUISSANCE DIVINE D'INTERVENTION HIDDÉKEL

La puissance divine d'intervention Hiddékel est celle dont le champ d'action englobe la protection et la délivrance, ainsi que tout ce qui s'y rapporte.

Dans notre monde et en cette période de consolation divine, elle incarne la puissance divine d'intervention qui assure la matérialisation des promesses divines suivantes, ainsi que tout ce qui s'y rapporte :

> « L'Éternel te donnera la victoire sur tes ennemis qui s'élèveront contre toi ; ils sortiront contre toi par un seul chemin, et ils s'enfuiront devant toi par sept chemins » (Deutéronome 28:7).

> « Que mille tombent à ton côté, Et dix mille à ta droite, Tu ne seras pas atteint » (Psaumes 91:7).

> « Toute arme forgée contre toi sera sans effet ; Et toute langue qui s'élèvera en justice contre toi, Tu la condamneras. Tel est l'héritage des serviteurs de l'Éternel, Tel est le salut qui leur viendra de moi, Dit l'Éternel » (Ésaïe 54:17).

Dans l'exaucement de la prière par ordre direct, cette puissance divine Hiddékel matérialise, sans autre condition que l'ordre direct de Dieu, l'exaucement de toutes les prières relatives à la protection et à la délivrance, adressées à Dieu par une personne désignée par lui.

Avant de présenter des exemples d'exaucements de prières par ordre direct, assurés par cette puissance divine Hiddékel, dévoilons d'abord les conditions fondamentales qui stimulent l'action de cette puissance divine dans l'exaucement de la prière par ordre indirect ainsi que sa singularité.

Ainsi, dans l'exaucement de la prière par ordre indirect, cette puissance divine Hiddékel matérialise également l'exaucement de toutes les prières relatives à la protection et à la délivrance, adressées à Dieu, mais cette fois-ci par une personne ayant atteint la quatrième dimension spirituelle, à condition que cette dernière honore les trois engagements qui stimulent la puissance divine Hiddékel.

Ces engagements sont les suivants :

- s'engager à dire la vérité et à éviter toute forme de mensonge, ce qui implique de ne jamais répandre :
  - de calomnies (Lévitique 19:16),
  - de faux témoignages (Exode 20:16),
  - de rumeurs infondées (Exode 23:1) ;
- s'engager à ne jamais se venger ni à garder rancune à l'égard de son prochain (Lévitique 19:18), ce qui implique de pratiquer le pardon et de laisser aller les sentiments négatifs (Marc 11:25–26 ; Colossiens 3:13) ;
- s'engager à promouvoir la paix et la réconciliation dans ses relations avec les autres en évitant les conflits et en

cherchant des solutions pacifiques (Matthieu 5:9, 23–24 ; Psaumes 34:14 [34:15] ; Romains 12:18 ; 14:19 ; Hébreux 12:14).

Sur l'échelle des dimensions spirituelles qui stimulent l'exaucement immédiat de la prière, le respect de ces engagements permet à cette personne d'atteindre la septième dimension spirituelle.

La singularité de cette puissance divine Hiddékel réside dans le fait que, là où elle intervient, que ce soit dans l'exaucement de la prière par ordre direct ou indirect, il y a toujours la présence d'un ou de plusieurs anges guerriers.

Cela s'explique par le fait que cette puissance divine Hiddékel, telle qu'établie par Dieu, opère principalement à travers un ou plusieurs anges guerriers qu'elle mobilise comme instruments de son action.

C'est en raison de cette singularité que les Saintes Écritures déclarent :

> « L'ange de l'Éternel campe autour de ceux qui le craignent, Et il les arrache au danger » (Psaumes 34:7 [34:8]).

Le premier exemple marquant d'une délivrance par ordre direct, assurée par cette puissance divine Hiddékel, est celui de l'apôtre Pierre (Actes 12:1–12).

Le second exemple marquant d'une délivrance par ordre direct, assurée par cette puissance divine Hiddékel, est celui du roi Ézéchias et de la ville de Jérusalem.

Après la prière du roi Ézéchias (2 Rois 19:14–19) et la réponse du Très-Haut (2 Rois 19:20–34), les Saintes Écritures rapportent :

> Cette nuit-là, l'ange de l'Éternel sortit, et frappa dans le camp des Assyriens cent quatre-vingt-cinq mille hommes. Et quand on se leva le matin, voici, c'étaient tous des corps morts. Alors Sanchérib, roi d'Assyrie, leva son camp, partit et s'en retourna ; et il resta à Ninive. (2 Rois 19:35–36)

L'exemple le plus marquant d'une protection par ordre indirect, assurée par cette puissance divine Hiddékel, avec l'intervention supplémentaire par ordre direct de la puissance divine Guihon, est celui du prophète Élisée (2 Rois 6:15–23).

Depuis la deuxième introduction de cette puissance divine Hiddékel dans notre monde, son champ d'action a été étendu une fois par Dieu. Cette extension eut lieu à la naissance du Seigneur Jésus-Christ.

Lors de cette extension, Dieu autorisa cette puissance divine Hiddékel à conférer à une personne désignée par lui ou à une personne ayant atteint la septième dimension spirituelle, le pouvoir de chasser, au nom de Jésus-Christ, Satan et ses démons.

L'exemple le plus marquant de l'exercice de ce pouvoir par des personnes désignées par le Très-Haut, autrement dit par le Seigneur Jésus-Christ, est celui des soixante-dix disciples.

Après avoir accompli leur mission (Luc 10:1), les Saintes Écritures rapportent :

> Les soixante-dix revinrent avec joie, disant : Seigneur, les démons mêmes nous sont soumis en ton nom. Jésus leur dit : Je voyais Satan tomber du ciel comme un éclair. Voici, je vous ai donné le pouvoir de marcher sur les serpents et les scorpions, et sur toute la puissance de l'ennemi ; et rien ne pourra vous nuire. Cependant, ne vous réjouissez pas de ce que les esprits vous sont soumis ; mais réjouissez-vous de ce que vos noms sont écrits dans les cieux. (Luc 10:17–20)

L'exemple le plus marquant de l'exercice de ce pouvoir par une personne ayant atteint la septième dimension spirituelle est celui de l'apôtre Paul.

Luc, médecin et compagnon de l'apôtre Paul, rapporte :

> Comme nous allions au lieu de prière, une servante qui avait un esprit de Python, et qui, en devinant, procurait un grand profit à ses maîtres, vint au-devant de nous, et se mit à nous suivre,

> Paul et nous. Elle criait : Ces hommes sont les serviteurs du Dieu Très-Haut, et ils vous annoncent la voie du salut. Elle fit cela pendant plusieurs jours. Paul fatigué se retourna, et dit à l'esprit : Je t'ordonne, au nom de Jésus-Christ, de sortir d'elle. Et il sortit à l'heure même. (Actes 16:16–18)

Durant son ministère terrestre, le Seigneur Jésus a également exercé ce pouvoir pour délivrer des personnes possédées par des démons.

Voici quelques exemples de l'exercice de ce pouvoir par lui :

- la délivrance de l'homme possédé par un démon dans la synagogue (Marc 1:21–27) ;
- la délivrance de la femme courbée (Luc 13:10–13) ;
- la délivrance du démoniaque de Gadara (Marc 5:1–13) ;
- la délivrance de l'enfant sourd-muet (Marc 9:17–27).

Jusqu'à ce jour, ce pouvoir de chasser Satan et ses démons demeure pleinement valide et actif.

LA PUISSANCE DIVINE D'INTERVENTION EUPHRATE

La puissance divine d'intervention Euphrate est celle dont le champ d'action englobe la maîtrise des êtres et des éléments appartenant aux mondes spirituels de dimensions existentielles intermédiaires ou inférieures, ainsi que tout ce qui s'y rapporte.

Dans notre monde et en cette période de consolation divine, elle incarne la puissance divine d'intervention qui assure la matérialisation de l'exaucement de toutes les prières relatives à la maîtrise des êtres et des éléments naturels.

Dans l'exaucement de la prière par ordre direct, cette puissance divine Euphrate matérialise, sans autre condition que l'ordre direct de Dieu, l'exaucement de toutes les prières relatives à la maîtrise des êtres et des éléments naturels, adressées à Dieu par une personne désignée par lui.

Le premier exemple marquant d'une prière adressée à Dieu par des personnes désignées par lui et exaucée par ordre direct grâce à cette puissance divine Euphrate, bien qu'exprimée sous la forme d'un murmure, est celui des enfants d'Israël concernant la nourriture (Exode 16:2–16).

Le deuxième exemple marquant d'une prière adressée à Dieu par une personne désignée par lui et exaucée par ordre direct grâce à cette puissance divine Euphrate, avec l'intervention supplémentaire par ordre direct de la puissance divine Hiddékel, bien qu'exprimée sous la forme d'un souhait, est celui du roi Darius en faveur du prophète Daniel (Daniel 6:16–24).

Le troisième exemple marquant d'une prière adressée à Dieu par une personne désignée par lui et exaucée par ordre direct grâce à cette puissance divine Euphrate, bien qu'exprimée sous la forme d'une déclaration, est celui du prophète Élie concernant la multiplication de la farine et de l'huile de la veuve de Sarepta (1 Rois 17:7–16).

Le quatrième exemple marquant est celui du sommeil profond des gardes, de la rupture des chaînes et de l'ouverture de la porte lors de la délivrance de l'apôtre Pierre, mentionnée au point précédent, car la puissance divine Euphrate était également par ordre direct intervenue dans cette délivrance.

Dans l'exaucement de la prière par ordre indirect, cette puissance divine Euphrate matérialise également l'exaucement de toutes les prières relatives à la maîtrise des êtres et des éléments naturels, adressées à Dieu, mais cette fois-ci par une personne ayant atteint la quatrième dimension spirituelle, à condition que cette dernière honore les trois engagements qui stimulent la puissance divine Euphrate.

Ces engagements sont les suivants :

- s'engager à pratiquer la justice sans favoritisme ni discrimination (Lévitique 19:15 ; Deutéronome 16:19–20 ; Proverbes 21:3 ; Actes 10:34) ;
- s'engager à ne jamais désirer ni aimer la voie du péché, ni écouter aucun conseil qui y conduit (Psaumes 1:1) ;
- s'engager à trouver son plaisir dans la loi de Dieu et à la méditer jour et nuit (Psaumes 1:2), ce qui implique :
  - d'avoir une attitude positive et dévouée à l'égard des lois et des principes divins,
  - de les considérer non pas comme des contraintes, mais comme des guides bienveillants,

- d'éprouver une joie profonde à les méditer et à les mettre en pratique.

Sur l'échelle des dimensions spirituelles qui stimulent l'exaucement immédiat de la prière, le respect de ces engagements permet à cette personne d'atteindre la huitième dimension spirituelle.

Le premier exemple marquant d'une prière adressée à Dieu par une personne ayant atteint la huitième dimension spirituelle et exaucée par ordre indirect est celui de Josué concernant l'arrêt du soleil et de la lune (Josué 10:12–14).

Le deuxième exemple marquant d'une prière adressée à Dieu par des personnes ayant atteint la huitième dimension spirituelle et exaucée par ordre indirect, avec l'intervention supplémentaire par ordre indirect de la puissance divine Hiddékel, bien qu'exprimée sous la forme d'une déclaration, est celui de Schadrac, Méschac et Abed Nego concernant leur refus de se prosterner devant la statue érigée par le roi Nebucadnetsar (Daniel 3:14–28).

Le troisième exemple marquant d'une prière adressée à Dieu par une personne ayant atteint la huitième dimension spirituelle et exaucée par ordre indirect est celui du prophète Élie sur le mont Carmel concernant le feu (1 Rois 18:22–39).

Le quatrième exemple marquant d'une prière adressée à Dieu par une personne ayant atteint la huitième dimension spirituelle et exaucée par ordre indirect est celui du prophète Élie concernant la pluie, après trois années et demie marquées par une sécheresse accablante déclenchée par lui (1 Rois 17:1 ; 18:41–45).

La singularité de cette puissance divine Euphrate, dans la vie d'une personne désignée par Dieu ou qui l'a stimulée, est qu'elle ne se limite pas à exaucer ses prières : elle lui confère également le pouvoir permanent de maîtriser les êtres et les éléments naturels, et ce, dans les limites du ministère qui lui a été confié.

Le premier exemple marquant d'une personne à qui ce pouvoir fut accordé dans le cadre de son ministère est celui du prophète Moïse, qui exerça ce pouvoir de manière remarquable à travers les événements suivants :

- la transformation du bâton en serpent :
  - la première fois : Dieu démontra au prophète Moïse qu'il lui avait accordé dans le cadre de son ministère ce pouvoir permanent de maîtriser les êtres et les éléments naturels (Exode 4:2–4),
  - la seconde fois : cette action servit à prouver à Pharaon la puissance divine (Exode 7:10–12) ;
- les sept de dix plaies d'Égypte suivantes :
  - l'eau changée en sang, la première plaie (Exode 7:17–21),
  - les grenouilles, la deuxième plaie (Exode 8:1–6 [7:26–8:2]),

- les poux, la troisième plaie (Exode 8:16–17 [8:12–13]),
- les mouches venimeuses, la quatrième plaie (Exode 8:20–24 [8:16–20]),
- la grêle, la septième plaie (Exode 9:17–26),
- les sauterelles, la huitième plaie (Exode 10:12–15),
- les ténèbres, la neuvième plaie (Exode 10:21–23) ;

À noter :

- la cinquième plaie (mort des troupeaux [Exode 9:2–6]) et la sixième plaie (ulcères douloureux [Exode 9:8–11]) furent accomplies par la puissance divine Guihon,
- la dixième plaie (mort des premiers-nés égyptiens [Exode 12:29–30]) fut réalisée par la puissance divine Hiddékel ;

- la division de la mer Rouge (Exode 14:21–22) ;
- la purification de l'eau amère à Mara (Exode 15:22–25) ;
- faire jaillir de l'eau d'un rocher :
  - la première fois à Horeb (Exode 17:5–6),
  - la seconde fois à Meriba (Nombres 20:7–13) ;
- l'engloutissement de Koré, Dathan et Abiram, ainsi que de leurs familles et de leurs biens (Nombres 16:28–33).

Le deuxième exemple marquant d'une personne à qui ce pouvoir fut accordé dans le cadre de son ministère est celui du prophète Élisée, qui exerça ce pouvoir à travers une série de miracles remarquables.

- Il frappa le Jourdain avec le manteau d'Élie et les eaux se partagèrent, lui permettant de traverser (2 Rois 2:14).
- Il multiplia l'huile d'une veuve pour lui permettre de payer ses dettes (2 Rois 4:1–7).
- Il transforma un pot de nourriture empoisonnée en repas comestible (2 Rois 4:38–41).
- Il fit flotter un fer de hache tombé dans l'eau (2 Rois 6:1–7).

Le troisième exemple marquant d'une personne à qui ce pouvoir fut accordé dans le cadre de son ministère est celui du prophète Élie, qui exerça ce pouvoir à travers une série d'interventions surnaturelles, démontrant que l'autorité céleste peut se manifester par des actes de jugement, de maîtrise des éléments et de franchissement miraculeux.

- Il appela le feu du ciel pour détruire deux groupes de soldats envoyés par le roi Achazia (2 Rois 1:9–12).
- Il frappa le Jourdain avec son manteau et les eaux se partagèrent, lui permettant ainsi qu'à Élisée, son serviteur et disciple à l'époque, de traverser (2 Rois 2:8).

Jusqu'à ce jour, cette singularité de la puissance divine Euphrate demeure pleinement active. Il suffit d'être investi d'un ministère qui en requiert l'exercice pour en bénéficier.

En plus d'exaucer les prières par cette puissance divine Euphrate, le Très-Haut l'emploie également pour accomplir ses desseins sur la terre.

Voici quelques exemples marquants de cet emploi divin :

- l'entrée des animaux, mâles et femelles, selon leur espèce, dans l'arche de Noé (Genèse 7:13–16) ;
- le déclenchement du déluge sur la terre (Genèse 7:10–12, 17–24) ;
- le retrait des eaux après le déluge (Genèse 8:1–3) ;
- la confusion des langues à Babel (Genèse 11:1–9) ;
- la destruction de Sodome et de Gomorrhe (Genèse 19:24–25) ;
- la transformation de la femme de Lot en statue de sel (Genèse 19:26) ;
- l'envoi des serpents venimeux pour châtier la rébellion des enfants d'Israël (Nombres 21:6–9) ;
- l'envoi des corbeaux pour nourrir le prophète Élie (1 Rois 17:2–6) ;
- l'envoi du grand poisson pour avaler Jonas et le vomir sur la terre ferme (Jonas 1:17 [2:1] ; 2:10 [2:11]).

Durant son ministère terrestre, le Seigneur Jésus a également employé cette puissance divine Euphrate à travers les événements suivants :

- l'apaisement de la tempête (Marc 4:35–41) ;
- la multiplication des pains et des poissons (Matthieu 14:13–21 ; 15:32–38) ;
- la marche sur les eaux (Matthieu 14:22–33) ;
- la pêche miraculeuse (Jean 21:2–8).

Voilà les principes fondamentaux qui régissent, dans notre monde et en cette période de consolation divine, l'action de chaque puissance divine d'intervention, tant dans l'exaucement de la prière par ordre direct que dans l'exaucement de la prière par ordre indirect.

C'est en leur sein que se sont dévoilés les douze engagements qui, lorsqu'ils sont fidèlement honorés, nous confèrent le pouvoir de faire les œuvres que le Très-Haut et le Seigneur Jésus font, et même d'en faire de plus grandes encore.

Peut-être nous demandons-nous comment, avant l'établissement de l'ancienne alliance, Dieu répondait aux prières qui parvenaient à ses oreilles.

Après que notre monde eut cessé d'être un paradis et jusqu'à l'établissement de l'ancienne alliance, Dieu répondait aux prières selon une logique céleste, adaptée à chacune des deux ères qui constituèrent cette période charnière.

Dans la première ère, qui s'étend du retrait des puissances divines d'intervention de notre monde jusqu'à leur réintroduction, Dieu exauçait les prières par un simple regard favorable ou défavorable (Genèse 4:4–5).

Cependant, pour les prières nécessitant une intervention plus poussée, il utilisait l'institution divine « la messagerie divine » (Genèse 4:9–13).

Ce mode d'exaucement des prières s'explique par l'absence, durant cette ère, des puissances divines d'intervention dans notre monde, conjuguée au fait que la loi de l'alliance n'avait pas encore été révélée à l'humanité.

Dans la seconde ère, qui s'étend de la réintroduction des puissances divines d'intervention dans notre monde jusqu'à l'établissement de l'ancienne alliance, le Très-Haut exauçait les prières principalement par le biais de l'institution divine « la messagerie divine » (Genèse 21:17–18).

Cependant, pour les prières nécessitant une intervention directe, il procédait par ordre direct à travers l'institution divine « la droite de l'Éternel » (Genèse 21:19 ; 25:21).

Ce mode d'exaucement des prières s'explique par la présence, durant cette ère, des puissances divines d'intervention dans notre monde, conjuguée au fait que la loi de l'alliance n'avait pas encore été révélée à l'humanité.

L'INSÉPARABILITÉ DES PUISSANCES DIVINES D'INTERVENTION

Ce que nous devons savoir à propos des puissances divines d'intervention, également appelées les doigts de Dieu (Luc 11:20 ; Exode 8:19 [8:15]), c'est que, bien qu'elles soient indépendantes les unes des autres, aucune d'entre elles ne peut être stimulée dans la vie d'une personne ayant atteint la quatrième dimension spirituelle qui stimule l'exaucement immédiat de la prière sans que les autres le soient également.

De même, aucune d'entre elles ne peut être perdue dans la vie d'une personne ayant atteint la quatrième dimension spirituelle qui stimule l'exaucement immédiat de la prière sans que les autres le soient également.

Cela s'explique par le fait que les douze engagements qui stimulent ces puissances divines d'intervention, tels qu'établis par Dieu, ne peuvent être honorés partiellement. Ils doivent tous être honorés après la transformation en temple de Dieu ou l'admission dans le sanctuaire céleste. Sinon, la personne transformée en temple de Dieu ou admise dans le sanctuaire céleste perdra son état de temple de Dieu ou d'admis dans le sanctuaire céleste.

En d'autres termes, l'autel des parfums de cette personne sera ramené à sa première opération, car, comme nous l'avons révélé précédemment, ces douze engagements sont ceux qu'impliquent les six derniers commandements de la loi de l'alliance ainsi que les autres lois et principes divins.

Ne pas les honorer ou ne pas honorer l'un d'entre eux revient à transgresser ces six derniers commandements ainsi que ces autres lois et principes divins, ce qui entraîne la privation de la présence de Dieu, avec toutes les conséquences qui en résultent dans le processus d'exaucement de la prière.

Voilà toute la révélation sur les mystères cachés du processus d'exaucement de la prière.

Chapitre 3

APPEL AU PARTAGE ET À L'ENGAGEMENT

Ne gardons pas cette révélation pour nous seuls ; partageons-la avec ceux qui nous entourent, car ce faisant, non seulement nous aiderons grandement les autres à comprendre ce qu'ils doivent être et ce qu'ils doivent faire pour accomplir des exploits avec Dieu, mais nous contribuerons également à gagner des âmes pour le Seigneur (Luc 19:10 ; Matthieu 28:18–20).

Que la paix du Seigneur Jésus-Christ soit avec nous tous. Amen !

À PROPOS DE L'AUTEUR

Bovic Tshiamala est un prédicateur passionné de la Parole de Dieu et un chantre dévoué, transmettant un message d'espoir et de foi à travers son ministère.

Il évolue au sein de l'église « Jésus le Bon Berger », où il consacre son temps à partager l'évangile et à inspirer ses frères et sœurs dans la foi.

Bovic réside avec sa famille à Dallas-Fort Worth, au Texas.

Pour en savoir davantage sur son ministère ou consulter des moments mémorables de sa vie familiale, veuillez vous connecter avec lui sur Facebook : @BovicTshiamala.

www.ingramcontent.com/pod-product-compliance
Lightning Source LLC
LaVergne TN
LVHW010839120826
845149LV00017B/3318